苦手パート完全克服	読解問題対策

頻出104問 + 5つの基本戦略

TOEIC® TEST PART 7 1日5分集中レッスン

成重 寿
Narishige Hisashi

ビッキー・グラス
Vicki Glass

Jリサーチ出版

TOEIC is a registered trademark of Educational Testing Service (ETS).
This publication is not endorsed or approved by ETS.

TOEIC 受験者へのメッセージ

　TOEIC TEST の Part 7（読解問題）は、リーディング・セクションの最後に控える難所です。

　この Part 7 を苦手とする人は多く、リーディング・セクションの得点がリスニング・セクションに比べて伸びない理由も、Part 7 でつまずくことにあると言っても過言ではありません。

　本書は Part 7 を苦手とし、スコアが伸びないと悩んでいる方を対象に作成したものです。もちろん、TOEIC をこれから受験するビギナーの方にも役立ちます。

●単語力とスピードが決め手になる

　まず「5つの基本戦略」で Part 7 攻略の基本を押さえましょう。戦略として紹介するのは、「単語を増やす」「読むスピードを上げる」「問題の特徴を知る」「時間配分」「解答するときの心構え」です。

　特に600点を目指す人にとっては、「単語が分からない」「速く読めない」の2点が、Part 7 ができない大きな要因になっていると言えます。

　単語については、ビジネス文書によく使われるものを集中的に身につけるのが効果的です。いわゆるビジネス語彙の増強です。単語力がつけば、速く読む基礎ができます。

ですが、単語力だけでは速く読むには不十分です。われわれは中学や高校では、英文解釈式の訳読になじんできました。しかし、英文解釈式の読み方をするかぎり、Part 7 に対応できるスピードで読むことはとうていできません。本書ではだれにでも簡単に身につけられる速読練習法を紹介します。

● Part 7 の問題形式と特徴を知る

　一方で、Part 7 の問題がどんなものか、特徴をよく知っておくことは得点の積み上げに大きく寄与します。設問や選択肢の特徴、問題がどのように配列されているか、時間配分をどうすべきか、など、解法のテクニックを押さえておけば、それだけで何問か正解を増やすことが可能でしょう。

　基本的な戦略やテクニックを知れば、あとは練習あるのみです。本書は10のレッスンと模擬テストで構成されていて、合計29題・104問をこなすことができるようになっています。レッスンでは、できるかぎり多彩な文書を経験できるようなつくりにしています。

　本書を活用して、Part 7 の苦手意識をなくし、TOEIC のスコアをしっかり伸ばしてほしいと願っております。

著者

TOEIC® TEST PART 7　1日5分集中レッスン

CONTENTS

TOEIC 受験者へのメッセージ ················· 2
PART 7 読解問題を制する5つの基本戦略 ············ 6
本書の利用法 ··· 12

●レッスン編 ··· 13

シングルパッセージの解き方 ······················· 14
Lesson 1　メール・レター ···························· 16
Lesson 2　回覧・お知らせ ···························· 26
Lesson 3　明細書・スケジュール ··················· 36
Lesson 4　セール広告・求人広告 ··················· 46
Lesson 5　メニュー・アンケート ··················· 56
Lesson 6　ニュース・ブログ ························ 66

ダブルパッセージの解き方 ················· 76
Lesson 7 会議進行表＋メール ············· 78
Lesson 8 就職申込書＋メール ············· 86
Lesson 9 お知らせ＋メール ··············· 94
Lesson 10 レター＋メール ················ 102

●模擬テスト ···················· 111
問題 ···································· 112
正解・解説 ······························ 147

頻出単語コラム
①オフィス ············ 25	②経営戦略 ············ 33
③マネー・銀行 ········ 35	④会計・財務 ·········· 43
⑤出張・交通 ·········· 45	⑥販売 ················ 52
⑦人材採用 ············ 110	⑧生産・配送 ·········· 146
⑨会社 ················ 148	⑩会議・プレゼン ······ 150
⑪人事 ················ 151	⑫マーケティング ······ 153

イントロダクション

Part 7 読解問題を制する 5つの基本戦略

「はじめに」でも触れたように、Part 7のスコアを伸ばすには、「単語を増やす」、「読むスピードを上げる」の2つが最重要点です。この2つは、英語の基礎力の底上げに関わる戦略です。

そして、ここでは他にTOEICというテストの特徴に対応した戦略を3つ紹介します。こちらは、いわゆる解答テクニックに当たるものです。

5つの戦略はどれもシンプルで、だれでもすぐに実行することができます。これらの戦略を頭に入れた上で、実戦練習を積むことにしましょう。

戦略1 ビジネス単語・表現を増やす

Part 7で出題される文章は、一部の広告やニュース・リポートを除くと、ほとんどがビジネス文書です。最近の傾向としては、回覧（memo）、告知（notice）、メール（e-mail）、会議スケジュール（agenda）などの社内文書や取引関係者とやりとりされる文書が多くなっています。

したがって、日常の仕事で使われる基本的なビジネス用語をしっかり押さえておくことが大切です。TOEICには難度の高い単語やイディオムはほとんど使われません。**ただ問題なのは、学校で英語を学習してきた人は、基本的なビジネス英語が身についていないということです。「学校英語」と「ビジネス英語」のギャップを埋めることが最大のポイントになります。**

例えば、次のような単語・表現を知っているでしょうか。

- assignment
- itinerary
- implement
- affordable
- new recruit
- take the minutes
- come up with

いずれもビジネスでは非常によく使います。それぞれの意味は下記です。

| （割り当てられた）仕事 | 旅行日程 | 実行する | 手頃な |
| 新入社員 | （会議の）議事録を取る | 〜を考え出す |

　単語の覚え方で一番効率的なのは、実際のPart 7の問題を解いていく過程で身につけるというものです。Part 7には最も多彩な単語が使われるからです。本書では、重要なビジネス語彙はできるかぎり語注（ボキャブラリー・チェック）で取り上げるようにしましたので、ぜひこのコーナーを活用してください。

　もう1つの方法としては、市販のTOEICの単語集を使って、基本的な語彙にざっと目を通しておくのもいいでしょう。

　学校英語しか経験のない人は、ビジネス関連語を300語程度覚えておくだけでも、Part 7の問題文がずいぶん読みやすくなると思います。

戦略 2　読むスピードを上げる

　読むスピードを上げるには、訳読式の読み方をやめることです。英語を英語のまま理解していく必要があります。その際、1語ずつ読んでいくのではなく、数語くらいをまとめて読んでいくと、自然に読むスピードが上がります。

　効果的な練習法として、スラッシュ・リーディングがあります。

Flights to and from Paris / may be subject to delays / due to heavy snowfall. // Please check / flight status / before departing / for the airport / and enter / your contact details / in Manage My Booking / to receive / the latest updates / via E-mail.

　上の文章で、スラッシュで区切ったブロックを1まとまりとして読んでいくのです。**感覚的には、読むと言うより、視界に収め見てとる、という感じでしょうか。**区切り方については、上記は一例で、自分が読みやすいように短めにしたり、長めにしたりしても大丈夫です。そして、前から後ろへと順に視線

イントロダクション

を進めていきます。関係詞や従属接続詞があっても、あくまで前から後ろへと進み、後戻りをしないようにします。

以下に前から後ろへという流れを訳で示しますが、実際は日本語を介さず英語のまま理解していく必要があります。日本語を介在させるとスピードが大幅に落ちます。

> パリへの行き帰りのフライトは / 遅れを被るかもしれない / 大雪によって。// 確認してください / フライトの状況を / 出発前に / 空港への / そして入力してください / あなたの連絡先の詳細を /「私の予約管理」に / 受け取るために / 最新の情報を / メールを通して。

音声教材があれば、CDなどの音声に従ってテキストの文章を読んでいくのもいい練習になります。ネイティブスピーカーの読む速さは1分間180〜200語で、音声に従うと後戻りもできませんから、自然に前から後ろへ、素早く英語で理解するクセがつきます。

TOEIC の問題の特徴を知る

TOEIC の Part 7 の問題構成には特徴があります。この特徴を頭に入れておくと、スムーズに解答できるようになります。

第1に、設問の設定に特徴があります。**設問は大きく分けて、「①文書の目的・テーマを問う」、「②個別情報を問う」、「③ Not-question」、「④単語の意味を問う」の4種類です。**それぞれ、どんな設問か、そしてその対処法を見ていきましょう。

❶ 文書の目的・テーマを問う

What is the purpose of this notice?（この告知の目的は何ですか）
Why did the writer send this e-mail?
（なぜ書き手はこのメールを出したのですか）

この手の設問は、文書の第1のテーマを聞いています。「木を見ず、森を見る」が対処の基本です。森を見るには、冒頭に注目することです。**第1文とはかぎりませんが、多くの場合、冒頭の3行くらいまでに、文書の目的・テーマが書かれています。**

　このタイプの変形として、「文書がだれを対象に書かれたか」を問う設問も出ます。これも問題文のテーマを押さえれば、予測は難しくありません。

❷ 個別情報を問う

　個別の情報は、問題文の中で該当箇所を見つけることで解答できます。ポイントになるのは、いかに素早く該当箇所を見つけるかです。**「読む」というよりも「探す」という感覚で対応しましょう。**

　該当箇所を見つけたら、選択肢と正確に照合しましょう。中には、問題文中の2カ所を見ないと解答できない設問もあります。

❸ Not-question

　notで聞いている設問です。次のようなものがあります。なお、notはすぐに気がつくように大文字で表記されています。

> **Which is NOT included in the ad?**（広告に含まれていないものはどれですか）
> **What is NOT required for the applicant?**
> （候補者に求められていないのは何ですか）

　notを含む設問は、選択肢のそれぞれを問題文の該当箇所と照合させていく必要があります。照合できた選択肢は順次外していき、残った選択肢が正解になります。いわゆる「消去法」のアプローチです。

❹ 単語の意味を問う

> **The word "available" in paragraph 1, line 2, is closest in meaning to**（第1パラグラフ2行目のavailableに意味が最も近いものは）
> **(A) usable**（使える）
> **(B) in stock**（在庫がある）

イントロダクション

(C) free（自由である・時間がある）
(D) possible（可能である）

単語の意味を問う設問では、類義語を即座に選んではいけません。**文脈での意味を聞いているので、文脈に沿う言い換え表現を選ぶ必要があります。**

Part 7 では、選択肢にも特徴があります。**問題文の該当箇所の表現がそのまま正解の選択肢に使われないということです。選択肢の表現はほとんどの場合、問題文とは別の表現に言い換えられています。**以下は簡単な例です。

〈問題文〉　　　　　　　　　〈選択肢〉
buy（買う）　　　　　▶　**purchase**（購入する）
cell phone（携帯電話）　▶　**device**（機器）
venue（開催場所）　　　▶　**location**（場所）

問題文と同じ表現が使われている選択肢はたいてい誤答です。問題練習をしながら、こうした言い換えに慣れるようにしましょう。

戦略 4　時間配分のテクニック

Part 7 は時間との戦いです。少しでも高い得点をあげるためには、時間を上手に配分して使い切ることが大切です。

時間配分は、リーディング・セクション全体で考えます。リーディング・セクションの解答に与えられる時間は75分。設問数は Part 5 と 6 が52問、Part 7 が48問です。

すべて解ききるには Part 5 と 6 を20～25分で片づけ、Part 7 に50～55分を充てるのが一般的です。しかし、600点を目指すわれわれは、この時間配分をそのまま利用できるわけではありません。

ですが、Part 5 と 6 にあまりに時間をかけすぎるのもどうかと思います。Part 5 と 6 は確実に得点できるものを正確に解答しつつ、すばやく終えるべきです。文法の設問は比較的簡単なので、確実に解答しましょう。語彙の設問は知っているかどうかですから、素早く見切りを付けましょう。

Part 7を全部解ききれないという前提であっても、Part 5と6は25〜30分以内で終え、Part 7に45〜50分くらいを充てたいところです。

もちろん、個人差もありますから、模擬試験を2、3回分は解いてみて、自分なりの時間配分の目安を決めておくのがいいでしょう。

戦略5 解答するときの心構え

スコア600を目指す人は、最後までまず解答できませんし、逆に言えば、最後まで解答する必要がないとも言えます。そんな条件の中でできるかぎり得点する、言わば「肉を切らせて骨を断つ」気構えが必要です。

Part 7の解答では次のことを念頭に進めると、より効率的に得点できます。

---

① シングルパッセージの前半は比較的簡単なものが多いので、これらを確実に解ききる。
② シングルパッセージの難しそうなものは後回しにする。難しいシングルパッセージよりダブルパッセージを優先する。
③ ダブルパッセージは比較的解きやすいものがあり、設問もそれぞれ5つあるので効率的に得点できる。
④ 最後の5分くらいで、解ききれなかった設問も適当にマークしておく。

要は、できない問題があるのはしかたないとあきらめ、取れるところで確実に取るということです。また、順繰りに解答していかずに、途中からダブルパッセージに取り組んだほうが得策だということです。

本書の利用法

本書は TOEIC のリーディング・セクション Part 7 に絞って、集中的に訓練できるように作成されています。Lesson は 10 あり、それぞれ 5～10 分程度で解答できるようになっています。最後に模擬テストにチャレンジできます。

STEP 1

まずイントロダクションで、Part 7 の特徴とその攻略法を知っておきましょう。Part 7 を制するための 5 つの戦略が紹介されています。

▼

STEP 2

10 の Lesson で、Part 7 を解く基本を身につけましょう。Lesson 1 ～ 6 はシングルパッセージで、文書の種類別に 2 題ずつで構成されています。Lesson 7 ～ 10 はダブルパッセージです。シングルパッセージ、ダブルパッセージの解き方を紹介するコーナーも設けています。

▼

STEP 3

学習の仕上げに、模擬テストに挑戦しましょう。模擬テストは実際の TOEIC と同じ 48 問で構成されています。

問題の難易度は★～★★★の 3 段階で示しています。

自分のスケジュールに合わせて進めましょう。

- ●**標準コース▶** 1 日 1 レッスン　10 日　＋　模擬テスト
- ●**速習コース▶** 全レッスン　　　4 日　＋　模擬テスト
  - 1 日目 **Lesson 1 ～ 2**　　2 日目 **Lesson 3 ～ 4**
  - 3 日目 **Lesson 5 ～ 6**　　4 日目 **Lesson 7 ～ 10**

レッスン編

それでは、レッスンでさまざまな問題を解いてみましょう。
Lesson 1〜6 はシングルパッセージ（各 **Lesson** ＝2題）、**Lesson 7〜10** はダブルパッセージ（各 **Lesson** ＝1題）です。シングル、ダブル、それぞれの **Lesson** が始まる前に「シングルパッセージの解き方」、「ダブルパッセージの解き方」を紹介します。

シングルパッセージの解き方‥‥ 14
　Lesson 1 ▶ Lesson 6

ダブルパッセージの解き方‥‥‥ 76
　Lesson 7 ▶ Lesson 10

各 **Lesson** には、「解答チェック」欄があり、解答時間と正答数を書き込めるようになっています。解答時間をチェックしておくと、本試験での時間配分の参考になります。

シングルパッセージの解き方

　Part 7には全部で13題の問題があり、はじめの9題（Q153～Q180：設問数28）がシングルパッセージ、あとの4題（Q181～Q200：設問数20）がダブルパッセージというのが、最近の標準的な構成です。

　シングルパッセージの各問題の設問数は2～5問です。

　シングルパッセージとしてはさまざまなビジネス文書が出ます。まずビジネス文書の種類と、そのポイントを確認してから、各Lessonの問題に挑戦しましょう。

❶ メール・レター　　　　　　　　　　　☞ Lesson 1

　ビジネス文書の代表で、Part 7で最も多く出題されます。

　メールやレターの目的を問う設問がたいてい設定されています。文書冒頭の1～3文に注目すると多くの場合、正解が導けます。

　受信者に何らかのアクションを求める情報を問う設問もよく出ます。こちらは文章の終わりのほうに書かれているのがふつうです。

❷ 回覧・お知らせ　　　　　　　　　　　☞ Lesson 2

　メール・レターと同じように、文書の目的を問う設問がよく出るので、そのときは文章冒頭に注目しましょう。

　社員宛ての回覧・お知らせ、市民宛ての通知などは、だれもが理解できるように分かりやすく書かれています。解きやすい問題が多いので、確実に得点しましょう。

❸ 表組み・箇条書き文書　　　　　　　☞ Lesson 3 & 5

　表組みの代表例は、銀行明細、会議スケジュール、アンケートなど。箇条書き文書の代表例はメニュー、マニュアルなどです。保証書などは箇条書きではありませんが、マニュアルに近い構成と言え

ます。

　情報が時系列に配列されていたり、項目別に記載されていたりするので、設問が問う情報が比較的見つけやすいのがポイントです。600点を目指す受験者には得点源となる文書であり、確実に正解を出しましょう。マニュアルや保証書は語彙が独特なので、試験の前に同様の問題に当たっておくことが大切です。

　なお、表組み文書の場合には、欄外の注記の情報にたいてい設問が1問設定されています。

❹ 広告　　　　☞ Lesson 4

　バーゲンセール、商品やツアーの広告などがよく出ます。特典、ディスカウント、有効期限など、広告に特有の設問が設定されています。これらの広告は比較的平易です。

　一方、求人広告は人事関連の語彙を理解していないと読みにくいので、本試験前に同様の問題に当たっておくのがいいでしょう。

　広告は複数の項目が列記されることが多いので、広告中にない情報を問う Not-question がよく出ます。

❺ ニュース・リポート　　　☞ Lesson 6

　ビジネスパーソンが接するニュースやリポートなどで、専門的な内容のものは出ません。しかし、文章が長かったり、語彙がやや難であったりするので、すばやく取捨の判断をしましょう（設問にはすべてマークすること）。

　パラグラフ（段落）単位で展開していく書き方がとられていることが多く、各パラグラフの冒頭に重要なアイデアが書かれます。また、第1パラグラフに主題（テーマ）が示されるのがふつうです。

Lesson 1　メール・レター

[問題1]

To: Sara Bigelow <bigelow@hryu.com>
From: Ryan Carnegie <carnegie@hryu.com>
Subject: Upcoming HR meeting

Hi Sara,
I need to touch base with you one time before the meeting so that we can coordinate the data we're presenting on the employees' performances. I have made up the graphs for the presentation and am hoping that you could present some case studies. They should go back at least three years to emphasize the changes we discovered. Phil, the general manager will attend and I think that he'd be very interested to hear some case studies. Do you think you can come up with a couple of them in a few days? It would help us immensely.
Please let me know at your earliest convenience if you can provide these.
Thanks and I look forward to hearing from you soon.
Regards,
Ryan

1. What is this e-mail message for?
   (A) To set a date for a baseball game
   (B) To present a few cases to Sara
   (C) To ask Sara to contribute to a meeting
   (D) To tell Sara about the employees' performances

2. What has Ryan already done for the meeting?
   (A) Presented some case studies.
   (B) Told Sara her input wasn't needed.
   (C) Asked Phil to help with the meeting.
   (D) Drawn up graphs.

3. What would Ryan like Sara to do?
   (A) Take her time putting together the information
   (B) Get in touch with him promptly
   (C) Meet with Phil, the general manager
   (D) Send him her résumé from three years ago

Lesson 1

[問題2]

John Peters
10 Walker Lane
Dayton, Ohio

Dear John,
I just wanted to thank you for meeting with me the other day to discuss the project that I have in the works. I feel that it's an exciting venture and am happy to have you on board. Your input is vital and I think you are an excellent addition to the team. I've also sent a letter to Meg White, thanking her for introducing me to you.
I can make myself available in the coming weeks for further discussions should you have any questions or concerns. Please don't hesitate to contact me anytime. Also, I'd like to have dinner with you and Meg in the near future. I'll be contacting you next week to set up a date.
Thank you very much again and I look forward to our working together.

Yours truly,

Jack Berber

メール・レター

4. What is the main purpose of this letter?
   (A) To thank a new coworker
   (B) To thank a friend for introducing someone
   (C) To ask a friend out to dinner
   (D) To set up a date for further discussions

5. What did Jack Berber do?
   (A) Invite John onboard a ship
   (B) Put John on his sports team
   (C) Send a thank-you letter to a mutual friend
   (D) Respond to a thank-you note from Meg White

6. When will Jack most likely contact John again?
   (A) Today
   (B) Next week
   (C) In a few weeks
   (D) Tomorrow

   Ⓐ Ⓑ Ⓒ Ⓓ

解答チェック!		
	1回目	2回目
解答日	月　日	月　日
タイム	分　秒	分　秒
正解数	／6	／6

Lesson 1

[問題1] ★★

1. 正解：(C)

解説 メールのテーマや目的は、冒頭部分に示されることが多い。第1文には、「社員の業務成績について提出するデータの調整をするために会いたい」と書かれているが、選択肢に対応するものはない。そこで、第2文も見ると、「自分がプレゼン用のグラフを作った」ので、サラに「事例を紹介してくれるよう」求めている。この第2文後半から、(C) の「サラに会議への協力を頼むため」が最適である。事例の紹介はサラが担当するので (B) は誤り。サラに社員の業務成績を話すわけでもないので、(D) も不適。

2. 正解：(D)

解説 前問でも引いた第2文に、I have made up the graphs for the presentation と書かれている。made up を drawn up に言い換えた (D) が正解。(A) と (B) はメールの記述と違う。(C) は「フィルに会議の手伝いを頼んだ」だが、本文には Phil, the general manager will attend and I think that he'd be very interested to hear some case studies. とあるだけで、フィルに何かを頼んだ形跡はない。

3. 正解：(B)

解説 サラにアクションを求めているのは2カ所。Do you think you can come up with a couple of them in a few days? と Please let me know at your earliest convenience if you can provide these. である。後者の Please let me know at your earliest convenience の言い換えが (B) である。get in touch with は「～と連絡をとる」の意。

❗ 受取人に具体的なアクションを求める記述は最後のほうにあるのが普通。

メール・レター

日本語訳

受信者：サラ・ビジェロウ <bigelow@hryu.com>
送信者：ライアン・カーネギー <carnegie@hryu.com>
件名：次回の人事会議

サラへ
この会議の前に、一度話し合いをしたいと思います。私たちが発表する社員の業務成績についてのデータを調整したいのです。プレゼン用のグラフは私が作ったので、事例をいくつか発表してもらえませんか。私たちが見つけた変化が明らかになるように、少なくとも3年前までさかのぼるのがいいでしょう。部長のフィルも出席しますが、事例には大いに関心を持つと思います。2、3日でいくつかの事例を用意してもらえませんか。そうしてもらえればとても助かります。事例を用意できるかどうか、できるだけ早く教えてください。
返信をお待ちしています。
よろしくお願いします。
ライアン

設問1 メールの目的
設問2 ライアンがしたこと
設問3 サラへのアクションの要請

1. このメールは何のためのものですか。
   (A) 野球の試合の日にちを決めるため
   (B) サラにいくつかの事例を提示するため
   (C) サラに会議への協力を頼むため
   (D) サラに社員の業務実績を話すため

2. ライアンが会議のためにすでにしたことは何ですか。
   (A) いくつかの事例を発表した。
   (B) サラに彼女の意見は必要ないと言った。
   (C) フィルに会議の手伝いを頼んだ。
   (D) グラフを作成した。

Lesson 1

3. ライアンはサラに何をしてほしいですか。
   (A) 情報をまとめるのに時間を割く
   (B) 早急に彼に連絡する
   (C) 部長のフィルに会う
   (D) 3年前からの履歴書を彼に送る

ボキャブラリー・チェック

- **upcoming** 形 もうすぐ来る
- **HR (= human resources)** 人事
- **touch base with** 〜と意見交換する
- **coordinate** 動 調整する
- **performance** 名 実績
- **case study** 事例；ケーススタディ
- **emphasize** 動 強調する
- **general manager** （本）部長；ゼネラルマネジャー
- **immensely** 副 大いに
- **at your earliest convenience** なるべく早く
- **look forward to** 〜を楽しみに待つ
- **contribute to** 〜に貢献する
- **input** 名 意見
- **draw up** 〜を描く
- **put together** 〜をまとめる；〜を組み立てる
- **get in touch with** 〜と連絡する；〜と接触する
- **promptly** 副 すぐに；すばやく
- **résumé** 名 履歴（書）

メール・レター

[問題2] ★★

4. 正解：(A)

解説 レターの目的が問われているので、冒頭を見る。I just wanted to thank you for meeting with me the other day to discuss the project that I have in the works. とあり、「プロジェクトについて話し合ってくれたことに感謝する」ために書いていると推測できる。以下を読んでいっても他に重要な用件が述べられるわけでもなく、末尾も Thank you very much again and I look forward to our working together. で締められている。なお、I think you are an excellent addition to the team. の addition から John がチームに新しく加わったことが分かる。(A) の「新しい同僚に感謝の意を伝えるため」が正解。

(C) については、Also, I'd like to have dinner with you and Meg in the near future. とあるが、これは感謝の気持ちを表したもの。ディナーの日時の設定も来週の話であり、レターの目的とは言えない。

5. 正解：(C)

解説 Jack (= I) がしたことは1つしかない。I've also sent a letter to Meg White, thanking her for introducing me to you. の部分で、「私をあなたに紹介してくれた Meg White にもお礼の手紙を送った」こと。文面から Meg とは旧知の仲であることが分かり、「共通の友人に礼状を送る」とする (C) が正解である。なお、am happy to have you on board の have ～ on board は「～を（チームの一員として）迎え入れる」という意味で、(A) の「乗船して」の onboard とは関係ない。

6. 正解：(B)

解説 第2パラグラフにある、I'll be contacting you next week to set up a date. から、Jack が John にもう一度連絡するのは「来週」である。(B) が正解。

Lesson 1

日本語訳

ジョン・ピーターズ様
ウォーカー・レーン10番地
デイトン、オハイオ州

設問4 **手紙の目的**

拝啓、ジョン
私が携わっているプロジェクトについて話し合うため、先日お会いいただいたことに感謝いたします。すばらしい事業だと思いますので、あなたに加わっていただけてうれしいかぎりです。あなたの意見は貴重なもので、あなたはこのチームの重要な戦力となると考えています。私をあなたに紹介してくれたメグ・ホワイトにもお礼の手紙を送りました。
設問5 **ジャックがしたこと**
ご質問や気になることがありましたら、これから数週間のうちに時間をつくって、さらに詳しく話し合いましょう。いつでもご遠慮なく連絡をください。また、近いうちにメグも交えてお食事でもいかがですか。日時については来週連絡いたします。
設問6 **ジャックの連絡の予定**
重ねてお礼申し上げます。一緒に仕事をすることを楽しみにしております。

敬具
ジャック・バーバー

---

4. この手紙の主な目的は何ですか。
　(A) 新しい同僚に感謝すること
　(B) 人を紹介してくれた友人に感謝すること
　(C) 友人を食事に誘うこと
　(D) 詳しい話し合いの日にちを決めること

5. ジャック・バーバーは何をしましたか。
　(A) ジョンを船に招待する
　(B) ジョンを自分のスポーツチームに入れる
　(C) 共通の友人に礼状を送る
　(D) メグ・ホワイトからの礼状に返信する

メール・レター

6. 次にジャックがジョンに連絡するのはいつごろですか。
(A) 今日
(B) 来週
(C) 数週間後
(D) 明日

ボキャブラリー・チェック

- **venture** 名 事業；冒険
- **have ~ on board** ~を（会社などの）一員として迎え入れる
- **input** 名 意見
- **vital** 形 重要な
- **addition** 名 追加；参加
- **concern** 名 懸念；気になること
- **don't hesitate to** 遠慮なく~する
- **coworker** 名 同僚
- **mutual** 形 お互いの
- **thank-you note** 礼状

COLUMN 頻出単語① オフィス

- **front desk** （ホテル・会社などの）受付
- **cafeteria** 名 社員食堂；カフェテリア
  * canteen という言い方もある。
- **cubicle** 名 業務スペース
  * 社員個人の仕切られた仕事スペースのこと。
- **meeting room** 会議室
  * conference room とも言う。
- **supply room** 備品室
- **colleague** 名 同僚社員
  * coworker や fellow worker とも言う。
- **clerk** 名 事務職員
- **janitor** 名 用務員
- **supervisor** 名 上司；管理職
- **subordinate** 名 部下
- **extension** 名 （電話の）内線
- **answering machine** 留守番電話

Lesson 2 回覧・お知らせ

[問題1]

Memo

To: All Staff
From: Frank DeVries, Sales Department
Subject: Weekend campaign

I'm sending out this memo because I need more volunteers who would be willing to come out to the festival this weekend and help us at our booth. It is a big sales campaign event for us and we expect to draw in hundreds of potential customers. We predict a large turnout to the festival so we will need some extra hands. If you have the weekend free and would like to help us out, please talk to Sharon and get an assignment and a short orientation. We would ideally like to have ten more people.
Thanks and hope to see some of you at the festival.

Frank

1. Why was this memo sent out?
    (A) To try and motivate the staff members
    (B) To try and raise awareness for a good cause
    (C) To try and get some volunteers for a charity
    (D) To try and get some people to help with an event

    Ⓐ Ⓑ Ⓒ Ⓓ

2. What kind of event is it?
    (A) A festival for company workers
    (B) A sale on products
    (C) A sales campaign event
    (D) An election campaign at a festival

    Ⓐ Ⓑ Ⓒ Ⓓ

3. The word "turnout" in line 6 is closest in meaning to
    (A) event
    (B) gathering
    (C) curve
    (D) variety

    Ⓐ Ⓑ Ⓒ Ⓓ

Lesson 2

[問題2]

> ### *Notice to Our Customers*
>
> This is to inform you that the Lakesdale Lane branch of our bank will be permanently closed from 10:00 a.m., March 1. Please note that all accounts from this branch will be transferred to our downtown branch on Grove Street. Our downtown branch will offer all the same services as the one on Lakesdale, so it is recommended that you do your banking there. Our smaller branches on Harbor Lane and Ford Drive with 24-hour ATMs will remain open for your convenience.
>
> If any customers have any concerns or questions regarding the closure of this branch, please phone Rebecca Wilson at 555-3987. Thanks for your understanding and we look forward to continuing to serve your needs.

回覧・お知らせ

4. Who is this notice for?
   (A) Employees of a bank
   (B) Customers of a restaurant
   (C) People in the banking industry
   (D) Account holders at a bank

   Ⓐ Ⓑ Ⓒ Ⓓ

5. What will happen to the Lakesdale Lane branch?
   (A) It will move to a different location.
   (B) It will close forever.
   (C) It will reopen later.
   (D) It will be reformed.

   Ⓐ Ⓑ Ⓒ Ⓓ

6. Where are customers recommended to do their banking?
   (A) At the new Lakesdale Lane branch.
   (B) At the Harbor Lane branch
   (C) At the Grove Street branch
   (D) At the out-of-town branch

   Ⓐ Ⓑ Ⓒ Ⓓ

解答チェック！		
	1回目	2回目
解答日	月　日	月　日
タイム	分　秒	分　秒
正解数	／6	／6

Lesson 2

[問題1] ★★

1. 正解：(D)

解説 メモの冒頭を見る。第1文の because 以下で、I need more volunteers who would be willing to come out to the festival this weekend and help us at our booth.(今週末、フェスティバル会場に来て、ブースの手伝いをしてくれるボランティアの人が必要だ)と述べている。第2文以下では、この festival が sales campaign であること、そして、ボランティア募集の手続きなどが書かれている。festival を event に言い換えて、「イベントを手伝ってくれる人を集めようとして」とする (D) が正解。この festival は good cause や charity (いずれも「慈善事業」の意) ではないので、(B) や (C) は誤りである。

2. 正解：(C)

解説 前問でも触れたように、このイベント(festival)は sales campaign である。(C) が正解。製品を販売するとは書いていないので、あわてて (B) を選ばないこと。

3. 正解：(B)

解説 turnout には「生産高」「出席者」「投票率」などの意味があるが、a large turnout to the festival という流れから、ここでは「出席者；参加者」の意で使われている。「人の集まり」という意味がある gathering が最適である。(A) の event は「イベント；行事」というモノを表すので不適。

回覧・お知らせ

日本語訳

回覧

宛先：全社員
差出人：フランク・デブリーズ、販売部 　　設問1 回覧の目的
件名：週末のキャンペーン

この回覧を送るのは、今週末、フェスティバル会場に来て、ブースの手伝いをしてくれるボランティアの人を募集するためです。当社の販売キャンペーンの大きなイベントであり、数百人の潜在顧客を集めようとしています。フェスティバルには大勢の来場が見込まれるため、手伝いの人手がもっと必要です。週末の予定に空きがあり、手伝っていただける方は、シャロンに連絡して、仕事の指定と簡単な説明を受けてください。あと10名いれば理想的です。
よろしくお願いします。フェスティバルでお会いしましょう。

　　　　　　　　　　　　　　　　　　　　　　設問2 イベントの内容

フランク

---

1. なぜこの回覧が送られたのですか。
    (A) 社員を鼓舞しようとして
    (B) 慈善活動への認知を高めようとして
    (C) 慈善活動のボランティアを集めようとして
    (D) イベントを手伝ってくれる人を集めようとして

2. これはどのようなイベントですか。
    (A) 会社の社員のためのお祭り
    (B) 製品の販売
    (C) 販売キャンペーンのイベント
    (D) お祭りでの選挙運動

Lesson 2

3. 第6行目の"turnout"という単語に意味が最も近いのは
   (A) イベント
   (B) 人の集まり
   (C) カーブ
   (D) 種類

ボキャブラリー・チェック

- **memo** 名回覧(状)
- **booth** 名ブース
- **sales campaign** 販売キャンペーン
- **draw in** ～を集める;～を引き込む
- **potential** 形見込みのある;潜在的な
- **turnout** 名人出;参加者
- **extra** 形追加の
- **assignment** 名仕事
- **orientation** 名説明会;オリエンテーション
- **motivate** 動刺激する;やる気にさせる
- **awareness** 名認知
- **good cause** 慈善活動
- **charity** 名慈善活動
- **election** 名選挙
- **take place** 実施される

回覧・お知らせ

[問題2] ★★

4. 正解：(D)

解説 第1パラグラフの冒頭で「レイクスデール・レーン支店は3月1日午前10時をもって閉店となる」と告知し、第2文で Please note that all accounts from this branch will be transferred to our downtown branch on Grove Street. と、「口座のダウンタウン支店への移動」を伝えている。また、第2パラグラフでは customers という言葉も使われており、このお知らせの対象は「銀行の顧客」、すなわち account holders（口座の保有者）である。(D) が正解。

5. 正解：(B)

解説 第1パラグラフ第1文の the Lakesdale Lane branch of our bank will be permanently closed from 10:00 a.m., March 1 より、レイクスデール・レーン支店は「永久に閉店になる」ことが分かる。(B) が正解である。

6. 正解：(C)

解説 設問の do their banking と同様の表現を探すと、第1パラグラフ後半に so it is recommended that you do your banking there という記述がある。there は文脈から、our downtown branch on Grove Street を受ける。したがって、(C) が正解となる。

COLUMN 頻出単語② 経営戦略

- **strategy** 名戦略
- **merger** 名吸収；合併
- **takeover** 名（企業の）買収；（仕事の）引き継ぎ
  - ＊動詞句の take over（買収する；引き継ぐ）もよく使う。
- **operation** 名（企業の）運営；営業
- **alliance** 名提携
- **collaboration** 名協力；協業
- **IPO (= Initial Public Offering)** 名株式公開；新規上場
- **list** 動上場する
  - ＊自動詞的に使う場合には go public という言い方がある。
- **bankrupt** 形倒産した
  - ＊「倒産する」は go bankrupt のほか、collapse という動詞も使える。
- **shut down** （営業・操業を）停止する

Lesson 2

日本語訳

> **お客様へのお知らせ**
>
> 設問5 レイクスデール支店に起きること
>
> 設問4 お知らせの対象
>
> 当行のレイクスデール・レーン支店が3月1日午前10時をもって閉店となることをお知らせいたします。同支店の口座はすべて、グローブ・ストリートのダウンタウン支店へ移管となりますのでご注意ください。ダウンタウン支店ではレイクスデールと同様のサービスをご提供しますので、そちらのほうでお取引をお願いします。24時間稼働のATMがあるハーバー・レーンとフォード・ドライブの小規模支店は、お客様の便宜のため、引き続き営業いたします。
>
> レイクスデール・レーン支店の閉店に関して、ご心配やご質問がございましたら、レベッカ・ウィルソン（555-3987）までお電話ください。ご理解のほどよろしくお願いいたします。今後ともお引き立てくださいますようお願い申し上げます。 設問6 顧客への推奨

4. このお知らせはだれに宛てたものですか。
 (A) 銀行の社員
 (B) レストランの客
 (C) 銀行業界の人々
 (D) 銀行に口座を持つ人たち

5. レイクスデール・レーン支店に何が起こりますか。
 (A) 他の場所へ移転する。
 (B) 閉店になる。
 (C) 後でまた開店する。
 (D) 改革が行われる。

6. 顧客はどこで銀行の取引をすることを勧められていますか。
 (A) 新しいレイクスデール・レーン支店で
 (B) ハーバー・レーン支店で
 (C) グローブ・ストリート支店で
 (D) 市外の支店で

回覧・お知らせ

ボキャブラリー・チェック

- [ ] **branch** 名 支店
- [ ] **permanently** 副 永遠に
- [ ] **account** 名 (銀行) 口座
- [ ] **transfer** 動 移管する
- [ ] **recommend** 動 推奨する
- [ ] **regarding** 前 〜について
- [ ] **closure** 名 閉鎖
- [ ] **understanding** 名 理解
- [ ] **holder** 名 保有者
- [ ] **location** 名 場所
- [ ] **reform** 動 改革する

COLUMN 頻出単語③ マネー・銀行

- [ ] **interest rate** 金利
- [ ] **balance** 名 残高
- [ ] **transaction** 名 取引
- [ ] **remit** 動 送金する
  * transferも同様の意味で使う。
- [ ] **withdraw** 動 (お金を口座から) 引き出す
  * 意見などを「撤回する」、軍隊を「撤退させる」の意味でも使う。

- [ ] **savings account** 普通預金口座
  * 「当座預金口座」はcheck account。
- [ ] **PIN (= Personal Identification Number)** 暗証番号
  * PIN numberとも言う。
- [ ] **currency** 名 通貨
  * foreign currency (外貨)
- [ ] **foreign exchange (forex / FX)** 外国為替

Lesson 3 　明細書・スケジュール

[問題１]

Chaseman Credit

Account number: 0789-0839-9211

Credit card activity from 11/30 to 12/30

Transaction Date	Description	Amount
11/30	Stan's Floral	33.20
11/30	Party Planners	51.98
12/02	FTT Mobile	66.00
12/13	Brand Market	138.00
12/16	Orlando's (credit)	-33.00
12/18	Tile Town	225.75
12/30	Transaction fee	4.00
12/30	Annual fee	35.00

Rate summary

Monthly periodic rate	1.5%
Annual percentage rate	18.0%

Payment will automatically be deducted from your registered bank account.

Please call the customer service center at 1-800-555-0938 if you have any questions about this statement.

売れ筋書籍「**TOEIC® TEST 必ず☆でる単スピードマスター**」が
大人気英単語アプリmikan版に!!

書籍は全国書店で大好評発売中!

「でる単600」App Store 教育カテゴリ **1位!** (2017年5月12日現在)

App Store からダウンロード
Google Play で手に入れよう
アプリ版は左記ストアで発売中!

本とアプリで英単語の暗記を高速化!!

Jリサーチ出版 http://www.jresearch.co.jp/

TOEIC is a registered trademark of Educational Testing Service (ETS).
This publication is not endorsed or approved by ETS.
Apple および Apple ロゴは米国その他の国で登録された Apple Inc. の商標です。App Store は Apple Inc. のサービスマークです。
Google Play および Google Play ロゴは、Google Inc. の商標です。

本とアプリの効果的な使い方

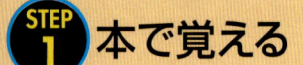

STEP 1 本で覚える
単語の意味を、用法・類語や派生語・例文などとともに多角的につかむ

STEP 2 アプリでスキマ時間に復習
ゲーム感覚で記憶度チェック&データに基づく復習で脳に単語を定着

STEP 3 再確認で運用力UP
うろ覚え単語と苦手な単語を本で再チェックし、単語運用力UP!

英単語アプリ mikan で何ができるの?
- ☑ 1日の目標単語数を設定して、**習慣化**できる!
- ☑ 1分10単語と**高速**で単語学習!
- ☑ **ネイティブ音声**付でリスニング対策にも!
- ☑ 1語=1意味で単語の**コア**の意味をつかめる!
- ☑ **データ**に基づく復習で効率的な単語学習!

● 書籍とアプリは別売りです
※アプリ版の価格は為替・キャンペーンなどで変動することがございます。

書籍版は、全国書店にて好評発売中(各本体 880円+税)
アプリ版は、App store と Google Play で好評発売中(各税込 720円)

①各アプリストアで [mikan でる単 🔍] と検索
②右のアイコンを探してタップ!

でる単600 でる単上級

1. What time period does this statement cover?
   - (A) One year
   - (B) One week
   - (C) One month
   - (D) Two months

   Ⓐ Ⓑ Ⓒ Ⓓ

2. How much was credited to the customer's account?
   - (A) $33.00
   - (B) $35.00
   - (C) $4.00
   - (D) $25.50

   Ⓐ Ⓑ Ⓒ Ⓓ

3. How do customers pay their credit card bill?
   - (A) It is paid by barter.
   - (B) They pay by cash.
   - (C) They write a personal check to the company.
   - (D) It's taken from their bank accounts automatically.

   Ⓐ Ⓑ Ⓒ Ⓓ

Lesson 3

[問題2]

Itinerary for James Roberts / Semiconductor seminar 7/13-16

Time	Friday	Saturday	Sunday	Monday
8:00	Go to office	Breakfast	Breakfast	Breakfast
10:00	Take cab to airport	Attend seminar from 10:30	Attend seminar	Fly out at 10:15
12:00	Fly out at 12:15	Lunch	Lunch	Arrive
2:00	Arrive Las Vegas			Back to office
4:00	Attend orientation meeting	Meet with Ms. Lew	Meet with reps from Weiss Corp.	Summary meeting
6:00	Dinner	Dinner	Dinner	Dinner with Mr. Parks
8:00	Meet with potential client	VIP party	Teleconference with Mr. Jacobs	
10:00	Return to hotel	Return to hotel	Return to hotel	

明細書・スケジュール

4. How many days will Mr. Roberts attend a seminar?
   (A) One day
   (B) Two days
   (C) Three days
   (D) Four days

5. What time is Mr. Roberts expected to be in the office when he returns?
   (A) At 4:00 p.m.
   (B) At 6:00 p.m.
   (C) At 12 noon
   (D) At 2:00 p.m.

6. What will Mr. Roberts do with Mr. Jacobs?
   (A) Attend the seminar
   (B) Meet him for dinner
   (C) Meet him online
   (D) Watch television

Lesson 3

[問題1] ★

1. 正解：(C)

解説 「明細書の対象期間」は、Credit card activity を見ると、from 11/30 to 12/30（11月30日から12月30日まで）と記載されているので、(C) の「1カ月」が正解である。

2. 正解：(A)

解説 credit は2つの意味で使われている。欄外上の credit card（クレジットカード）の「信用取引」。もう1つは 12/16 の項目のカッコ内の credit（振り込み・払い戻し［額］）である。この設問は、後者を聞いている。Orlando's からの振り込み額は33ドルなので、(A) が正解。

3. 正解：(D)

解説 pay their credit card bill に似通った表現を探すと、欄外下に Payment が使われた注記がある。Payment will automatically be deducted from your registered bank account. から、「支払いは銀行口座から自動的に引き落とされる」ことが分かる。deducted を taken に言い換えた (D) が正解である。

❗ こうした表組みの問題では欄外注記についてよく設問が設定されている。

明細書・スケジュール

日本語訳

チェイスマン信販
顧客番号：0789-0839-9211

クレジットカードご利用明細（11月30日から12月30日） ← 設問1 明細書の対象期間

利用月日	利用店名	金額
11/30	スタンズ・フローラル	33.20
11/30	パーティー・プランナーズ	51.98
12/02	FTT モバイル	66.00
12/13	ブランド・マーケット	138.00
12/16	オーランズ（入金）	-33.00
12/18	タイル・タウン	225.75
12/30	取引手数料	4.00
12/30	年会費	35.00

設問2 口座への入金金額

利率概要

月当たり利率	1.5%
年利率	18.0%

設問3 支払い方法

支払金額はお客様の指定銀行口座から自動的に引き落とされます。
この明細書に不明な点がある場合は、お客様サービスセンター（1-800-555-0938）まで、お電話ください。

---

1. この明細書の対象となっている期間はどのくらいですか。
(A) 1年
(B) 1週間
(C) 1カ月
(D) 2カ月

Lesson 3

2. この顧客の口座へ入金されたのはいくらですか。
   (A) 33.00ドル
   (B) 35.00ドル
   (C) 4.00ドル
   (D) 25.50ドル

3. 顧客はクレジットカードの請求金額をどうやって支払いますか。
   (A) 物々交換で支払われる。
   (B) 現金で支払う。
   (C) 会社宛ての小切手を書く。
   (D) 顧客の銀行口座から自動的に引き落とされる。

ボキャブラリー・チェック

- [ ] **account number** 口座番号
- [ ] **transaction** 名 取引
- [ ] **description** 名 項目；品目
- [ ] **amount** 名 金額
- [ ] **credit** 名 入金 動 入金する
- [ ] **summary** 名 概要
- [ ] **monthly periodic rate** 1カ月の利率　＊年利を12で割ったもの。
- [ ] **annual** 形 年間の
- [ ] **deduct** 動 差し引く；控除する
- [ ] **register** 動 登録する
- [ ] **statement** 名 明細書
- [ ] **bill** 名 請求書
- [ ] **barter** 名 物々交換；バーター
- [ ] **personal check** 個人小切手

明細書・スケジュール

[問題2] ★

4. 正解：(B)

解説 attend a seminarを日程表の中で探すと、土曜と日曜の各午前10時の予定に入っている。(B)の「2日」が正しい。なお、この設問では日程表内でもAttend seminarとなっていて素直な問題だが、表現が言い換えられている場合もあるので、慎重に照合したい。

5. 正解：(D)

解説 「出張から戻って、オフィスに出る」時間を聞いている。月曜の午後2時にBack to officeと記されているので、(D)が正解となる。

6. 正解：(C)

解説 Mr. Jacobsは日曜の午後8時の欄に出てくる。Teleconferenceとは「テレビ会議をする」という意味。これをmeet 〜 onlineと言い換えた(C)が正解である。

COLUMN 頻出単語④ 会計・財務

- **asset** 名 資産
- **liability** 名 負債
- **debt** 名 借入金
- **due date** 支払期日
- **reimbursement** 名 (費用などの)返済
- **bottom line** 最終損益
  ＊税引き後の純利益（net profit）または純損失（net loss）のこと。損益計算書の最終行に記載されることからこう呼ばれる。
- **break even** 収支が均衡する（とんとんになる）
- **fiscal year** 事業年度
- **return** 名 (投資などの)利益
- **dividend** 名 配当金
- **deduction** 名 (税金などの)控除
  ＊動詞はdeduct（控除する）。
- **statement** 名 明細書

Lesson 3

日本語訳

設問4 セミナーへの出席日数

時刻	金曜	土曜	日曜	月曜
8:00	会社へ出勤	朝食	朝食	朝食
10:00	空港までタクシー	10:30のセミナーに出席	セミナーに出席	10:15の便に搭乗
12:00	12:15の便で出発	昼食	昼食	到着
2:00	ラスベガス到着		設問5 帰社時刻 →	会社に戻る
4:00	説明会に出席	ルー様と会う	ワイス社の担当者と会う	報告会議
6:00	夕食	夕食	夕食	パークス様と夕食
8:00	見込み客と会う	VIPパーティー	ジェイコブズ様とテレビ会議	
10:00	ホテルに戻る	ホテルに戻る	ホテルに戻る	

ジェイムズ・ロバーツ出張日程／半導体セミナー　7月13日〜16日

設問6 ジェイコブズさんとすること

4. ロバーツさんはセミナーに何日出席しますか。
   (A) 1日
   (B) 2日
   (C) 3日
   (D) 4日

5. ロバーツさんが戻り、会社に出るのは何時ごろですか。
   (A) 午後4時
   (B) 午後6時
   (C) 正午
   (D) 午後2時

明細書・スケジュール

6. ロバーツさんはジェイコブズさんと何をしますか。
(A) セミナーに出席する
(B) 会って食事をする
(C) オンラインで会う
(D) テレビを見る

ボキャブラリー・チェック

- **itinerary** 名旅行計画
- **semiconductor** 名半導体
- **cab** 名タクシー
- **potential** 形見込みのある；可能性のある
- **reps (= representatives)** 名担当者；代表者
- **teleconference** 名動テレビ会議（をする）
- **summary meeting** 報告会議

COLUMN 頻出単語⑤ 出張・交通

- **itinerary** 名旅行計画
- **destination** 名目的地
- **be out of town** 出張中である
  *be away on business などの言い方もある。
- **accommodations** 名宿泊施設
  *この意味では通例、複数。
- **jet lag** 時差ぼけ
- **arrival** 名到着
- **departure** 名出発
- **passenger** 名乗客
- **immigration** 名入国管理
- **customs** 名税関
  *単数で custom なら「慣習；習慣」の意味。
- **quarantine** 名検疫
- **duty-free shop** 免税店
- **lost and found** 遺失物取扱所
- **fare** 名運賃
  *「料理」の意味もあるので注意。
- **identification card** 身分証明書
- **commute** 名通勤 動通勤する
- **transportation** 名輸送（機関）
- **pedestrian** 名歩行者

Lesson 4　セール広告・求人広告

[問題1]

TIME SALE

Today only at Tellmans! Get 30% off all brand-name goods in the store. Sale lasts from 10:00 a.m. to 10:00 p.m., and if you shop between 5:00 and 6:00 p.m. you can save an additional 10%. If you want the finest top brands, you cannot afford to miss this sale! Customers who have a store card can get a further 5% savings on everything in the store. This will be the last time sale of the year so get your shopping done today. (coupons are not applicable)

1. What is the main purpose of this ad?
   (A) To announce a sale between 5:00 and 6:00 p.m
   (B) To announce a weeklong sale
   (C) To announce a year-end sale
   (D) To announce a day sale

   Ⓐ Ⓑ Ⓒ Ⓓ

2. What will happen between 5:00 and 6:00 p.m. at Tellman's?
   (A) Customers can save 10% on all brand name goods.
   (B) Customers can save 40% on all brand name goods.
   (C) Customers can save 30% on all brand name goods.
   (D) Customers can save 5% on all brand name goods.

   Ⓐ Ⓑ Ⓒ Ⓓ

3. What will happen if a customer has a coupon?
   (A) He or she will get further savings.
   (B) He or she can redeem it for cash.
   (C) He or she cannot use coupons at any time.
   (D) He or she cannot use it during the sale.

   Ⓐ Ⓑ Ⓒ Ⓓ

Lesson 4

[問題2]

> ### *Wanted*
> ### *Construction Project Assistant*
>
> Emco Corporation is looking for a qualified assistant for an upcoming big project. The assistant would be responsible for providing on-site administrative support to the supervisors. This includes consulting and correspondence, as well as processing all documents. The assistant would also help monitor the project management process from start to finish, and keep records. He or she will also be required to attend regular meetings and assist with budget planning and monitoring. This position needs to be filled by the end of the month. The candidate must have at least 3-5 years experience working with a construction firm. Qualified individuals should send their résumés to jobatemcocorp.com for review. Only those considered for an interview will be contacted.

セール広告・求人広告

4. What is Emco Corporation looking for?
   (A) A person to become an assistant manager.
   (B) A person with at least three years experience in design.
   (C) A person with at least three years experience managing projects.
   (D) A person with at least three years experience to provide support.

   Ⓐ Ⓑ Ⓒ Ⓓ

5. What is NOT mentioned as a duty?
   (A) Administrative support
   (B) On-site building planning
   (C) Processing documents
   (D) Monitoring the project

   Ⓐ Ⓑ Ⓒ Ⓓ

6. When will the job start?
   (A) Immediately
   (B) At the beginning of the month
   (C) In two weeks
   (D) At the end of the month

   Ⓐ Ⓑ Ⓒ Ⓓ

解答チェック!		
	1回目	2回目
解答日	月　日	月　日
タイム	分　秒	分　秒
正解数	／6	／6

Lesson 4

[問題1] ★

1. 正解：(D)

解説 タイトルに TIME SALE（期間限定セール）とあり、第1文で Today only at Tellmans!（テルマンズで本日限り）とうたっている。(D) の「1日だけのセールを告知すること」が正解。

2. 正解：(B)

解説 if you shop between 5:00 and 6:00 p.m. you can save an additional 10%. の部分に注目。「さらに10パーセントの割引が受けられる」ことが分かる。ところで、第2文には Get 30% off all brand-name goods in the store. とあり、このセールは本来すべてのブランド品が「30パーセント引き」である。つまり、5時から6時までの間は合計40パーセント引きとなる。(B) が正解である。

3. 正解：(D)

解説 coupon については、最後にカッコ書きで coupons are not applicable と出ている。applicable は「適用される」で、「クーポンは使えない」ということ。文脈から、クーポンが使えないのはこのセールについてと理解できるので、(D) を選ぶ。なお、(B) の redeem は「換金する」の意。

セール広告・求人広告

日本語訳

> 設問1 広告の目的 → **期間限定セール** ← 設問2 午後5時～6時に起こること
>
> テルマンズで本日限り！　在庫のブランド品が全品30パーセント引きです。セールは午前10時から午後10時までで、午後5時から6時までにお買い物をすればさらに10パーセント引きになります。最高級のトップブランドを手に入れるなら、この機会は絶対に見逃せません！　お得意様カードをお持ちのお客様は、店の全品についてさらに5パーセントの割引が受けられます。今年最後の期間限定セールですので、ぜひ今日中にお買い求めください。（クーポン券はご利用いただけません）← 設問3 クーポンを持っている客は？

1. この広告の主な目的は何ですか。
　(A) 午後5時から6時の間のセールを告知すること
　(B) 1週間続くセールを告知すること
　(C) 年末セールを告知すること
　(D) 1日だけのセールを告知すること

2. 午後5時から6時の間にテルマンズで何がありますか。
　(A) 客はブランド品をどれも10パーセント引きで買える。
　(B) 客はブランド品をどれも40パーセント引きで買える。
　(C) 客はブランド品をどれも30パーセント引きで買える。
　(D) 客はブランド品をどれも5パーセント引きで買える。

3. クーポンを持っている客にはどんなことがありますか。
　(A) さらに割引を受ける。
　(B) それを現金に換えられる。
　(C) どんなときもクーポンを使えない。
　(D) セールのときにはそれを使えない。

Lesson 4

ボキャブラリー・チェック

- [ ] **last** 動 続く
- [ ] **additional** 形 追加の
- [ ] **cannot afford to** ～するわけにはいかない
- [ ] **miss** 動 見逃す
- [ ] **savings** 名 割引；節約；貯金
- [ ] **applicable** 形 適用される
- [ ] **goods** 名 商品　＊複数で使う。
- [ ] **redeem** 動 換金する

COLUMN　頻出単語⑥　販売

- [ ] **wholesale** 名 卸売り　形 卸売りの
- [ ] **retail** 名 小売り　形 小売りの
- [ ] **outlet** 名 直販店
  ＊「排水口」や「電気コンセント」の意味もある。
- [ ] **distribution** 名 流通
- [ ] **merchandise** 名 商品
- [ ] **sales representative** 販売員
- [ ] **refund** 動 返金する　名 返金
- [ ] **replace** 動 交換する
- [ ] **return** 動 返品する　名 返品
- [ ] **complaint** 名 クレーム；不平
- [ ] **customer / account service** 顧客サービス
  ＊ account にも「顧客」の意味がある
- [ ] **installment** 名 （支払いの）分割
  ＊ installment payments で「分割払い」。「一括払い」は one lump-sum payment と言う。
- [ ] **expiration date** （クレジットカードなどの）有効期限
  ＊ expire は「期限・効力が切れる」の意。
- [ ] **check out** 支払いをする

セール広告・求人広告

[問題2] ★★

4. 正解：(D)

解説 見出しに Construction Project Assistant とあり、「建設プロジェクトのアシスタント」を求めていることが分かる。また、The assistant would be responsible for providing on-site administrative support to the supervisors. から、職務内容は「監督を補佐する現場の管理業務」である。後半の The candidate must have at least 3-5 years experience working with a construction firm. から「業務経験は3～5年以上」。これらを満たすのは (D) である。なお、仕事は「現場の管理業務補助」であって、(A) のような「アシスタント・マネジャー」ではないし、(C) のようにプロジェクトを統括する重責でもない。

5. 正解：(B)

解説 前問で引いた第2文の providing on-site administrative support から (A) は不適。(C) も processing all documents と書かれているので、除外できる。(D) も The assistant would also help monitor the project management process とあることから、不適。(B) のみが広告中に記述がない。

❗ Not-question には消去法で対応しよう。

6. 正解：(D)

解説 広告の後半に This position needs to be filled by the end of the month. という記述がある。つまり、業務は「月末」には始まると予測できる。(D) が正しい。

Lesson 4

日本語訳

設問4 募集している人材

人材募集
建設プロジェクトのアシスタント

エムコ株式会社は、来るべき大規模プロジェクトに備え、有能なアシスタントを募集しています。アシスタントは現場で監督を補助する管理業務を行うものです。アドバイス、通信、すべての文書の処理を含みます。また、アシスタントは、プロジェクトの管理プロセスを開始から終了までモニターする業務をサポートするとともに、記録をとる仕事もします。アシスタントは定例会議に出席し、予算の計画およびモニターの補助も行います。今月末までにこのポストに就いていただきます。応募者は建設会社での最低3年から5年の勤務経験が必要です。条件に該当する方は jobatemcocorp.com へ履歴書をお送りくだされば、検討いたします。面接に来ていただく方のみに連絡を差し上げます。

設問6 仕事が始まる時期

設問5 Not-question → 業務として述べられていないことは？

---

4. エムコ株式会社が探しているのは何ですか。
(A) アシスタント・マネジャーになる人
(B) 設計に3年以上の経験がある人
(C) プロジェクト管理に3年以上の経験がある人
(D) 補助業務を行うのに3年以上の経験がある人

5. 業務として述べられていないことは何ですか。
(A) 管理業務補助
(B) 現場でのビル設計
(C) 文書処理
(D) プロジェクトのモニター

セール広告・求人広告

6. 仕事が始まるのはいつですか。
   (A) すぐに
   (B) 月の初め
   (C) 2週間後
   (D) 月末

ボキャブラリー・チェック

☐ **wanted** 形 人材を募集している
☐ **construction** 名 建設
☐ **look for** 〜を探す
☐ **qualified** 形 能力のある；資格のある
☐ **upcoming** 形 もうすぐ来る
☐ **be responsible for** 〜に責任がある
☐ **on-site** 形 現場の
☐ **administrative** 形 管理の
☐ **supervisor** 名 監督；上司
☐ **correspondence** 名 通信
☐ **keep records** 記録をとる
☐ **be required to** 〜することを求められる
☐ **candidate** 名 候補者
☐ **individual** 名 個人
☐ **résumé** 名 履歴書
☐ **immediately** 副 即座に

Lesson 5　メニュー・アンケート

[問題1]

Côte D'Azur Restaurant

Starters

Pumpkin gazpacho
Pork paté on bed of baby lettuce
Soft Camembert cheese baked with white wine

Entrée

ask your server for today's special entrée
Grilled swordfish with lemon and dill sauce
Roasted garlic and rosemary chicken
Braised beef in red wine with mushrooms and shallots
Pork ribs served with garlic mashed potatoes and buttery corn

Dessert

New York cheesecake topped with fresh berries and cream
Crumbly apple cobbler with cinnamon and nutmeg spices
Variety of ice cream and toppings (choose two or three scoops)
Freshly baked banana bread

Set courses:
Starter + entrée + dessert $35.00
Starter + entrée $32.00

1. How many choices of ice cream scoops are offered?
   (A) One
   (B) Five or six
   (C) Two or three
   (D) Four

2. What is NOT shown on the menu?
   (A) The restaurant's name
   (B) The starter choices
   (C) The special entrée of the day
   (D) Prices for course sets

3. What is the difference between the set courses?
   (A) One doesn't include a starter
   (B) One doesn't include dessert and costs more
   (C) A difference in the type of entrée
   (D) A price difference of three dollars

Lesson 5

[問題２]

Product Review Questionnaire
Name: **Emma James**
Please rate the following questions.

1=agree, 2=slightly agree, 3=slightly disagree, 4= disagree, 5=no opinion

1. The product is easy to use.	2
2. The instruction manual was easy to follow.	2
3. The price was reasonable.	4
4. The product is just what I expected.	2
5. The design of the product is innovative.	5
6. The product can be stored easily.	5
7. The product is sturdy.	3
8. The product is sufficiently lightweight.	3
9. I would buy the same brand again.	4
10. I would buy something else by this maker.	4

Please write any other additional comments about the item below:

It's OK over all, but I would like to see it have more functions. I think it would improve it immensely. I would buy the same brand again if it did. I had to buy products by other makers for the other functions.

メニュー・アンケート

4. What did Emma James think about the instruction manual?
   (A) She thought it was a bit easy to understand.
   (B) She thought it was very easy to understand.
   (C) She didn't think it was easy to understand at all.
   (D) She didn't have an opinion about it.

   Ⓐ Ⓑ Ⓒ Ⓓ

5. What does Emma James NOT comment on?
   (A) The product's design and storage ease
   (B) Her thoughts on the product as a whole
   (C) The strength of the product
   (D) Whether she would purchase it again

   Ⓐ Ⓑ Ⓒ Ⓓ

6. How does Emma James think the product could be improved?
   (A) By changing it overall
   (B) By changing the brand
   (C) By adding more operations to it
   (D) By eliminating some unnecessary functions

   Ⓐ Ⓑ Ⓒ Ⓓ

解答チェック！		
	1回目	2回目
解答日	月　日	月　日
タイム	分　秒	分　秒
正解数	／6	／6

Lesson 5

[問題1] ★

1. 正解：(C)

解説 ice cream と scoops は Dessert の3行目に出てくる。scoop はアイスクリームなどをすくう小さなシャベルのことで、ここではスクープいくつ分という数量を表している。Variety of ice cream and toppings (choose two or three scoops) とあることから、アイスクリームの量を2スクープか3スクープ（ダブルまたはトリプル）のいずれかから選べることが理解できる。(C) が正解。

2. 正解：(C)

解説 (A) の「レストランの名前」は、冒頭に Côte D'Azur Restaurant とある。(B) の starter choice は、Starters に列記された3種類。また、(D) の「コースセットの値段」は最後に Starter + entrée + dessert $35.00 / Starter + entrée $32.00 と明記されている。(C) の「本日のお勧めメインディッシュ」はウエイターに尋ねるようにと書かれているので、これが正解。

⚠ Not-question なので、消去法を使おう。

3. 正解：(D)

解説 セットコースの2種類の違いは、dessert があるかないかで、dessert がないほうが値段が3ドル安い。したがって、(A) と (B) は誤りで、(D) が正解である。(C) の「メイン料理の種類が違う」ことについては記述がない。

メニュー・アンケート

日本語訳

コートダジュール・レストラン

スターター

かぼちゃのガスパーチョ
ベビーレタスに載せたポーク・パテ
柔らかいベイクト・カマンベールチーズ、白ワイン風味

メイン

本日のお勧めメインディッシュはウエイターにお尋ねください
メカジキのグリル、レモンとディルのソース
ガーリックとローズマリー風味のローストチキン
ビーフの赤ワインブレゼ、マッシュルームとエシャロット添え
ポークリブ、ガーリック風味マッシュポテトとバターコーン添え

デザート

ニューヨーク・チーズケーキ、新鮮なベリーとクリームのトッピング
シナモンとナツメグのスパイスを利かせた、さくさくアップルコブラー
アイスクリームとトッピング各種（ダブルまたはトリプル）
焼きたてバナナブレッド

設問1 スクープの数

セットコース：
スターター + メイン + デザート 35.00 ドル ← 設問3 セットコースの違い
スターター + メイン 32.00 ドル

設問2 Not-question → メニューにないものは？

---

1. アイスクリームのスクープはいくつ選べるようになっていますか。
   (A) 1つ
   (B) 5つか6つ
   (C) 2つか3つ
   (D) 4つ

Lesson 5

2. メニューに載っていないのは何ですか。
 (A) レストランの名前
 (B) 前菜の選択肢
 (C) 本日のお勧めメインディッシュ
 (D) コースセットの値段

3. セットコースの違いは何ですか。
 (A) 1つには前菜が入っていない
 (B) 1つにはデザートが入っていないうえ、値段が高い
 (C) メイン料理の種類が違う
 (D) 3ドルの値段の差

ボキャブラリー・チェック

- **starter** 名 前菜；スターター
- **gazpacho** 名 ガスパーチョ　*冷たい夏野菜のスープ（スペイン料理）。
- **pork paté** 豚肉のパテ
- **on bed of** 〜を敷いた上に
- **Camembert cheese** カマンベール・チーズ
- **bake** 動（オーブンなどで）焼いて固める
- **entrée** 動 主菜；メインディッシュ
- **server** 名 給仕人；接客係
- **today's special** 本日のお勧め料理
- **grill** 動 網焼きする
- **swordfish** 名 メカジキ
- **dill** 名 ディル　*ハーブの一種。
- **roast** 動 あぶり焼きする
- **braise** 動 油でいためた後で少量の水（汁・ワイン）で煮込む
- **shallot** 名 エシャロット
- **pork ribs** ポークリブ　*豚の背骨の部分の肉をソースを付けてグリルしたもの。
- **mashed potatoes** マッシュポテト　*皮をむいて茹でてからつぶしたジャガイモ。

メニュー・アンケート

- □ **berries** 名ベリー類　＊核のない果肉の柔らかな食用小果実。
- □ **crumbly** 形もろい：砕けやすい
- □ **apple cobbler**　アップルコブラー
  　＊パイ皿にリンゴを詰めてパイ皮を被せて焼いたパイ。
- □ **scoop** 名スクープ　＊アイスクリームをすくう小シャベル。そのひとすくい分。

[問題2] ★★

4.　正解：(A)

解説 instruction manual（取扱説明書）を表中に探すと第2項目にある。エマ・ジェイムズさんは2=slightly agreeを付けている。「ある程度分かりやすいと思った」とする (A) が正解。

5.　正解：(A)

解説 (A) の design と storage は項目の5と6に対応し、ジェイムズさんはいずれも5（分からない）を選んでコメントを避けているので、この (A) が正解である。なお、(B) の「製品全体についての考え」は4に、(C) の「製品の丈夫さ」は7に（sturdy は「丈夫な」の意）、(D) の「また買うかどうか」は9に対応しており、それぞれ2、3、4と回答している。

6.　正解：(C)

解説 下欄の記述式の「付加コメント」を参照。It's OK over all, but I would like to see it have more functions. として「さらに別の機能」を求めており、I had to buy products by other makers for the other functions.（他の機能のために他社の製品を買わざるを得なかった）と不満を述べている。functionsをoperationsに言い換えて「より多くの機能を加えることによって」とする (C) が正解である。

Lesson 5

日本語訳

製品評価アンケート
名前：エマ・ジェイムズ
以下の質問に評価をしてください。

1= そう思う、2= 少しそう思う、3= あまりそう思わない、4= そう思わない、5= 分からない

1. この製品は使いやすい。	2
2. 取扱説明書は分かりやすかった。	2
3. 価格は適切だった。	4
4. 期待したとおりの製品だ。	2
5. 製品のデザインは革新的だ。	5
6. 製品の保管は簡単だ。	5
7. 製品は丈夫だ。	3
8. 製品は十分に軽い。	3
9. 同じブランドをまた買うだろう。	4
10. このメーカーの他の製品を買うだろう。	4

設問4 取扱説明書についての感想

製品について他に付け加えるご意見があれば、下の欄にお書きください。
全体的に問題ないが、もう少し他の機能が付いていればいいと思う。そうすればずっと良くなる。そうであれば同じブランドをまた買うだろう。他の機能のために他のメーカーの製品を買わなければならなかった。

設問5 Not-question → エマが意見を述べなかったことは？

設問6 製品の改善法

4. エマ・ジェイムズは取扱説明書についてどう思いましたか。
   (A) 彼女は少し分かりやすいと思った。
   (B) 彼女はとても分かりやすいと思った。
   (C) 彼女は分かりやすいとはまったく思わなかった。
   (D) 彼女はそれについて意見はなかった。

メニュー・アンケート

5. エマ・ジェイムズが意見を述べていないのは何についてですか。
(A) 製品のデザインと保管のしやすさ
(B) 製品全体に対しての彼女の考え
(C) 製品の丈夫さ
(D) 製品をまた買うかどうか

6. エマ・ジェイムズはどうすればこの製品がよくなると思っていますか。
(A) 全体的に変えることによって
(B) ブランドを変えることによって
(C) より多くの機能を加えることによって
(D) いくつかの不要な機能を取り除くことによって

ボキャブラリー・チェック

- review 名評価
- questionnaire 名アンケート
- slightly 副わずかに
- instruction manual 取扱説明書
- reasonable 形値頃感のある；理にかなった
- innovative 形革新的な
- store 動保管する
- sturdy 形丈夫な
- sufficiently 副十分に
- lightweight 形軽量な
- item 名製品
- over all 全体にわたって
- function 名機能
- improve 動よくなる；改善する
- immensely 副大いに
- storage 名保管
- as a whole 全体として
- purchase 動購入する
- operation 名機能
- eliminate 動取り除く

Lesson 6 ニュース・ブログ

[問題1]

NEW YORK—Fantech, Inc. stunned its investors today when it reported a net loss of $16 million at the end of the fiscal first quarter. The company attributed the loss to weaker sales abroad. While sales were deflated, the company's operating costs rose by 9.1 percent. The company is up against heavy competition in the retail sector and is hoping to ease some of its losses with some new product releases before the holiday season. A spokesperson from Fantech stated that the company was "searching for new ways to carve itself a unique niche in the market." In the meantime, analysts and nervous shareholders remain skeptical.

1. How do Fantech's investors feel?
   - (A) Elated
   - (B) Surprised
   - (C) Calm
   - (D) Angry

   Ⓐ Ⓑ Ⓒ Ⓓ

2. What is most likely the reason for the company's loss?
   - (A) Weak domestic sales
   - (B) Heavy competition abroad
   - (C) Fewer sales overseas
   - (D) Deflated confidence in the sector

   Ⓐ Ⓑ Ⓒ Ⓓ

3. What is Fantech planning to do?
   - (A) Sell the company
   - (B) Report more losses
   - (C) Remain skeptical
   - (D) Release innovative products

   Ⓐ Ⓑ Ⓒ Ⓓ

Lesson 6

[問題２]

Lander's Blog on Environmental Issues
May 21

Many people do not seem to notice, but the honeybee population around the world is diminishing. This is bad news for the environment, as honeybees are necessary for keeping our agriculture. They help by pollinating crops; and are especially necessary for growing certain fruits and nuts. Researchers still don't know quite what the cause is, but many are pointing their fingers at global warming.

I think global warming, which is affecting so many species and threatening their natural habitats, is only partly to blame. There are so many chemicals used on crops these days that any kind insects, even the beneficial ones, can be easily wiped out. So the use of chemicals is also to blame, in my opinion. Until humans stop their overuse of chemicals on our crops, we will see honeybee populations diminish further.

ニュース・ブログ

4. What is the main subject of this blog entry?
   (A) The causes of global warming
   (B) The state of the world's honeybee population
   (C) The way to increase honeybee populations
   (D) The overuse of chemicals in crops

5. The word "diminishing" in paragraph 1, line 2, is closest in meaning to
   (A) reducing
   (B) dimming
   (C) flying
   (D) slowing

6. What is the author's conclusion?
   (A) Humans need to stop spraying honeybees with chemicals.
   (B) Humans can increase the number of honeybees by stopping global warming.
   (C) Honeybee populations will continue to disappear with the use of chemicals.
   (D) Humans should stop honeybees from destroying crops.

Lesson 6

[問題1] ★★★

1. 正解：(B)

解説　冒頭の Fantech, Inc. stunned its investors today when it reported a net loss of $16 million at the end of the fiscal first quarter. に投資家の心情が表れている。stun は「驚かす」という意味なので、(B) の surprised（驚いている）が正解。

2. 正解：(C)

解説　会社の損失 (loss) については、第2文に The company attributed the loss to weaker sales abroad. と述べられている。attribute A to B は「A の原因を B のせいにする」という意味。つまり、「海外での売り上げが落ちた」ことが損失の原因である。weaker を fewer に、abroad を overseas にそれぞれ言い換えた (C) が正解である。

3. 正解：(D)

解説　会社の今後の動きについては、is hoping to ease some of its losses with some new product releases before the holiday season. と書かれている。休暇シーズン前の「新製品の投入」であるが、どんな新製品かはファンテックの広報担当者が searching for new ways to carve itself a unique niche in the market と説明している。carve は「掘る」の意で、「unique niche（独特のすきま市場）をみずから切り開く」ということ。unique niche を innovative（革新的な）と言い換えて「革新的な製品を発売する」とした (D) が正解である。

ニュース・ブログ

日本語訳

[設問1 投資家の思い] [設問2 損失の原因]

ニューヨーク――今日、ファンテック社は第1四半期末に1600万ドルの純損失を計上したことを発表し、投資家に衝撃を与えた。同社は、この損失を海外販売の不振によるものとしている。売り上げが低下した一方、同社の営業経費は9.1パーセント増加した。小売部門で激しい競争にさらされている同社は、休暇シーズンの前に複数の新製品を発売して、この損失を緩和したいと考えている。ファンテック社の広報担当によると、同社は「独自のすきま市場を切り開くための新たな方法を模索している」。一方で、アナリストや不安を感じている株主は懐疑的なままだ。

[設問3 ファンテックの計画]

1. ファンテックの投資家はどのように感じていますか。
   - (A) 得意になっている
   - (B) 驚いている
   - (C) 冷静だ
   - (D) 怒っている

2. この会社の損失の原因は主にどのようなものですか。
   - (A) 国内販売の不振
   - (B) 海外での激しい競争
   - (C) 海外販売の落ち込み
   - (D) 業界における信頼の喪失

3. ファンテックは何を計画していますか。
   - (A) 会社を売却する
   - (B) 追加損失を計上する
   - (C) 懐疑的でいる
   - (D) 革新的な製品を発売する

Lesson 6

ボキャブラリー・チェック

- **stun** 動 驚かせる
- **investor** 名 投資家
- **net loss** 純損失
- **fiscal** 形 会計の
- **quarter** 名 四半期
- **attribute A to B** AをBに帰する；AをBのせいにする
- **deflate** 動 しぼませる
- **operating costs** 営業経費
- **competition** 名 競争
- **retail sector** 小売業界
- **product release** 製品発表
- **holiday season** 休暇シーズン　＊クリスマス休暇を指す。
- **spokesperson** 名 広報担当者
- **state** 動 述べる
- **search for** 〜を探し求める
- **carve** 動 （市場などを）切り開く
- **niche** 名 すきま市場
- **in the meantime** 一方で；その間に
- **analyst** 名 アナリスト；分析専門家
- **nervous** 形 気にする；緊張する
- **shareholder** 名 株主
- **skeptical** 形 懐疑的な
- **elated** 形 大得意で
- **calm** 形 平静な
- **domestic** 形 国内の；家庭の

ニュース・ブログ

[問題2] ★★★

4. 正解：(B)

解説 英語のエッセイに類した文章では、出だしでテーマを明示するのが原則。冒頭文は Many people do not seem to notice, but the honeybee population around the world is diminishing. であり、「ミツバチの数が減り続けている」ことがテーマと考えられる。この後の文章の展開は、「ミツバチの有用性」→「地球温暖化という（ミツバチ減少の）原因」→「化学薬品という原因」と進んでいく。全体を貫くテーマはやはり「ミツバチの減少」である。(B) の「世界のミツバチの数の状況」が最適。

5. 正解：(A)

解説 主語が honeybee population で、diminishing はここでは「減少している」という意味で使われている。(A) の reducing が最適。なお、dim は形容詞で「薄暗い」だが、ここでのように動詞で使うと「薄暗くなる」という意味。

6. 正解：(C)

解説 結論は通常、文章の末尾に書かれるのが原則。このブログでは Until humans stop their overuse of chemicals on our crops, we will see honeybee populations diminish further. となっていて、「農作物に対する化学薬品の濫用を人間がやめない限り、ミツバチの減少は続くだろう」と警鐘を鳴らしている。(C) が正解である。(B) の「人間は地球温暖化を止めることで、ミツバチの数を増やせる」は理屈には合っているが、著者はどこにも書いていない。

Lesson 6

日本語訳

環境問題に関するランダーのブログ
5月21日 　設問4 ブログの主題　　　設問5 地球温暖化について

多くの人は気づいていないようだが、世界中のミツバチの数が減り続けている。これは環境にとって悪いニュースだ。というのも、ミツバチは農業を維持していくために必要であるからだ。ミツバチは農作物の受粉に役立っていて、特にある種の果物や木の実の育成には欠かせないものなのだ。研究者たちはいまだその原因をつきとめていないが、地球温暖化を原因に挙げる人は多い。
地球温暖化は多くの種に影響を与え、その自然生息地を脅かしているが、この問題の原因の一部でしかない。今日、農作物にはきわめて多くの化学薬品が使われ、どのような種類の昆虫でも簡単に消え去る可能性がある。有益な昆虫も例外ではない。そういうわけで、私は化学薬品の使用も原因の1つだと考えている。農作物に対する化学薬品の濫用を人間がやめない限り、ミツバチはさらに減少するだろう。
　　　　　　　　　　　　　　設問6 筆者の結論

---

4. このブログ記事の主題は何ですか。
(A) 地球温暖化の原因
(B) 世界のミツバチの数の状況
(C) ミツバチの数を増やす方法
(D) 農作物に対する化学薬品の濫用

5. 第1パラグラフ2行目にある "diminishing" という単語に意味が最も近いのは
(A) 減少している
(B) 薄暗くなっている
(C) 飛んでいる
(D) 遅くなっている

ニュース・ブログ

6. 筆者の結論は何ですか。
   (A) 人間はミツバチに化学薬品を散布することをやめなければならない。
   (B) 人間は地球温暖化を止めることで、ミツバチの数を増やせる。
   (C) 化学薬品の使用でミツバチの数は減り続けるだろう。
   (D) 人間はミツバチが農作物に被害を与えるのを止めるべきだ。

ボキャブラリー・チェック

- **environmental issues** 環境問題
- **notice** 動 気づく
- **honeybee** 名 ミツバチ
- **diminish** 動 減少する
- **pollinate** 動 受粉する
- **crops** 名 農作物
- **researcher** 名 研究者
- **cause** 名 原因
- **point one's finger at** ～を名指して非難する
- **global warming** 地球温暖化
- **affect** 動 影響を与える
- **species** 名 種
- **threaten** 動 脅かす
- **habitat** 名 生息地
- **blame** 動 非難する
- **chemical** 名 化学薬品
- **insect** 名 昆虫
- **beneficial** 形 有益な
- **wipe out** 消し去る；一掃する
- **overuse** 名 濫用
- **state** 名 状態
- **dim** 動 薄暗くなる；かすむ
- **disappear** 動 消える
- **stop ~ from ...ing** ～が…するのをやめさせる

ダブルパッセージの解き方

　ダブルパッセージは2つの文書で構成されていて、Part 7の最後に4題連続してあります。設問数はすべて5問に統一されています。

　ダブルパッセージの2つの文書の組み合わせはさまざまですが、現代のビジネス環境を反映して、「メールと返信メール」「メールと添付書類」「文書とメール」など、一方がメールという組み合わせが多くなっています。

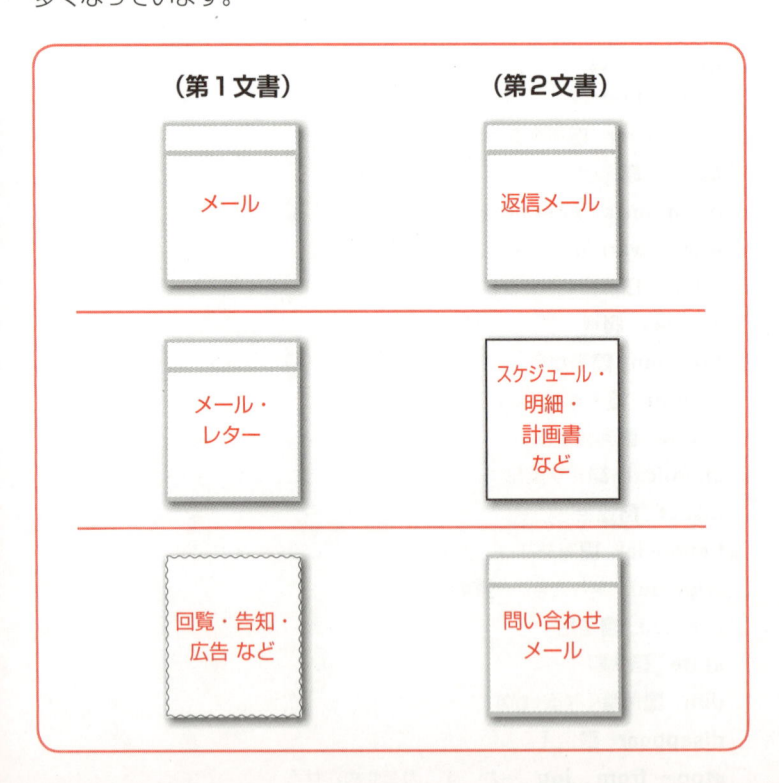

（第1文書）	（第2文書）
メール	返信メール
メール・レター	スケジュール・明細・計画書 など
回覧・告知・広告 など	問い合わせメール

設問の設定は、①第1文書に関するもの、②第2文書に関するもの、③両文書に情報が分散しているもの、です。

　①と②については、設問から第1文書と第2文書のどちらに書かれているか判断することが大切です。これはさほど難しいことではなく、実際に問題に当たりながらコツをつかんでください。

　例えば、「広告と問い合わせメール」の組み合わせであれば、広告の内容についての設問と判断できれば第1文書を、問い合わせに関わるものと判断できれば第2文書を見るということです。

　③は両方の文書の該当箇所を探して、情報を組み合わせて判断をしないといけません。やや面倒でまた解答にも時間がかかります。この設問にひっかかって混乱しそうなら、いさぎよくあきらめて（適当にマークする）、次の問題に進むのが得策でしょう。

　ただ**全体として見れば、ダブルパッセージは難しいシングルパッセージよりも解きやすい（すばやく正解を出せる設問が多い）のは事実です。難しいシングルパッセージはパスして、先にダブルパッセージに着手することをお勧めします。**

　なお、受験者の中には Part 7 をダブルパッセージから始める人もいるようですが、シングルパッセージの最初の何題かは簡単なものが多く、ここを早めに切り抜けることで心理的に楽になります。600点をめざす人にとっては、ダブルパッセージから始めるのは逆に心理的負担が大きくなるような気がして、お勧めできません。

Lesson 7 — ダブルパッセージ 会議進行表＋メール

Meeting Agenda

Secretary presents CEO and welcomes committee members
Secretary reads minutes from last month's meeting
Secretary asks for questions on or changes to the minutes
CEO makes comments on the minutes
Secretary asks for move to carry on with meeting
CFO details current budget and planned expenditures
Discussion of budget
Secretary asks for move to give Sales Director the floor
Sales Director presents sales figures and ideas for increasing sales
Marketing Director presents new strategies
Secretary asks for move for all in favor of moving forward with plans
Secretary goes over General Business
Meeting is adjourned after last questions and discussions

To: John Wilkens
From: Pat Stetson
Subject: The meeting agenda

Hi John,

I have a request regarding the meeting. It's written that I will be presenting new marketing strategies after you present the sales figures. Before I get together with my staff and make an outline of these, I'd like to get together with you and get your approval on them. Are you free sometime today or tomorrow to sit down and discuss these ideas? I really need your input and I think it's necessary for us to be on the same page at the meeting.

Thanks and please let me know.

Regards,

Pat

Lesson 7

1. Who is opening up the meeting?
   (A) The CEO
   (B) The sales director
   (C) The secretary
   (D) The marketing director

   Ⓐ Ⓑ Ⓒ Ⓓ

2. What is mentioned about last month's meeting?
   (A) Money will be collected for it.
   (B) The topic was about the time.
   (C) It will be reviewed.
   (D) It took a few minutes.

   Ⓐ Ⓑ Ⓒ Ⓓ

3. What will the secretary do after the CEO speaks?
   (A) Ask for people to vote to carry on
   (B) Ask people to move their seats
   (C) Ask people to carry their belongings
   (D) Ask people to close the meeting

   Ⓐ Ⓑ Ⓒ Ⓓ

ダブルパッセージ：会議進行表＋メール

4. What is the purpose of Pat's e-mail to John?
   (A) To make sure John will attend the meeting
   (B) To meet with John before the meeting
   (C) To read a page of John's presentation
   (D) To ask John to write an outline

   Ⓐ Ⓑ Ⓒ Ⓓ

5. What will Pat do after John?
   (A) Make a presentation on sales figures
   (B) Make a presentation on marketing strategies
   (C) Try to meet with John
   (D) Go over an outline

   Ⓐ Ⓑ Ⓒ Ⓓ

Lesson 7 ★★

1. 正解：(C)

解説 「会議を開会するのはだれか」という設問なので、会議進行表の冒頭を見る。Secretary presents CEO and welcomes committee members とあり、Secretary（秘書役）が CEO を紹介し、委員を迎えることが分かる。(C) が正解である。

2. 正解：(C)

解説 先月の会議の議事録（minutes）については、会議進行表の 2 〜 4 行目に書かれている。まず秘書役が読み上げ、質問や変更がないか聞き、最後に CEO が意見を言う。このプロセスを review（検討する）と表現している (C) が正しい。

3. 正解：(A)

解説 会議進行表を見る。CEO の話は 4 行目なので、5 行目に注目。Secretary asks for move to carry on with meeting とある。会議を先に進めるかどうか賛否を求めているので、move を vote に言い換えた (A) が適切。ask for move は「賛否を求める」という会議などでの決まった言い方。動かしたり運んだりすることではないので、(B) や (C) は関係ない。

4. 正解：(B)

解説 メールを見る。第 1 文で I have a request regarding the meeting. と、会議進行表にリクエストがあることを述べ、第 3 文で I'd like to get together with you and get your approval on them. と、一緒に会って、承認を得たい旨を伝えている。また、終わりのほうの I think it's necessary for us to be on the same page at the meeting.（あなたの意見をぜひ聞きたいし、会議では同意見であることが必要だと思う）から、会うのは会議の前であることも分かる。(B) が正解。なお、be on the same page は「意見が同じである」という意味のイディオム。

5. 正解：(B)

解説 Pat が John の後にすることを聞いている。メールの第 2 文に It's written that I will be presenting new marketing strategies after you

ダブルパッセージ：会議進行表＋メール

present the sales figures. とある。メールの受信者、発信者を確認すると、I = Pat、you = John である。つまり、会議では、John が「販売数字」を発表して、その後に Pat が「新しい販促戦略」を発表する。(B) が正解である。

日本語訳

会議進行表

秘書役が CEO を紹介、委員を歓迎する ← 設問1 会議を開会するのはだれか
秘書役、前月の会議議事録を読み上げる ←
秘書役、議事録への質問および変更を求める ← 設問2 会議について述べられていること
CEO、議事録についての所感を述べる ←
秘書役、議事続行の賛否を求める ← 設問3 CEO の発言後、秘書役がすること
CFO、今期予算と予定される支出を詳しく説明する
予算についての討論
秘書役、販売部長に発言権を与える賛否を求める
販売部長、販売実績と売り上げ増加のアイデアを発表する
マーケティング部長による新戦略の発表
秘書役、全員が計画の推進について賛成する確認を求める
秘書役、一般業務の説明を行う
質疑および討論ののち、閉会

受信者：ジョン・ウィルケンズ
送信者：パット・ステットソン
件名：議事進行表

設問5 パットがジョンの後にすること

ジョンへ

会議について頼みたいことがあります。あなたが販売実績を発表した後に私が新しいマーケティング戦略を発表することになっています。私のスタッフと集まって戦略の大枠を決める前に、あなたに会って戦略に同意しておいてもらいたいのです。今日か明日のどこかで会って、このアイデアについて話し合う時間はありますか。あなたの意見をぜひ聞きたいし、会議では同じ意見であることが必要だと思っています。

設問4 メールの目的

Lesson 7

返事をよろしくお願いします。
それでは。
パット

1. だれが会議を開会しますか。
   (A) CEO
   (B) 販売部長
   (C) 秘書役
   (D) マーケティング部長

2. 先月の会議について何が述べられていますか。
   (A) 会議のためにお金が集められる。
   (B) 主題は時間に関することだった。
   (C) 検討が行われる。
   (D) 数分かかった。

3. CEO の発言の後、秘書役は何をしますか。
   (A) 参加者に続行についての賛否を求める
   (B) 参加者に席を替わるように頼む
   (C) 参加者に持ち物を運ぶように頼む
   (D) 参加者に会議を閉会するように頼む

4. ジョンに宛てたパットのメールの目的は何ですか。
   (A) ジョンが会議に出席するのを確認すること
   (B) 会議の前にジョンに会うこと
   (C) ジョンの発表のページを読むこと
   (D) ジョンに概略を書いてもらうこと

5. パットはジョンの後に何をしますか。
   (A) 販売実績についての発表を行う
   (B) マーケティング戦略についての発表を行う
   (C) ジョンに会おうとする

ダブルパッセージ：会議進行表＋メール

(D) 概略を検討する

ボキャブラリー・チェック

- **meeting agenda** 会議進行表
- **secretary** 名秘書役
  *欧米の会社では「秘書役」は役員の1人。重要な会議の司会をしているので、一般の秘書ではない。
- **committee** 名委員会
- **(the) minutes** 名議事録
- **ask for move** 賛否を求める
- **carry on with** ～を続ける
- **detail** 動詳細に説明する
- **current** 形現在の
- **budget** 名予算
- **expenditure** 名支出
- **give ~ the floor** ～に発言権を与える
- **strategy** 名戦略
- **in favor of** ～に賛成して
- **move forward with** ～を進める
- **go over** ～を検討する
- **adjourn** 動閉会する
- **get together with** ～と一緒に集まる
- **make an outline** 概要を書く
- **approval** 名承認
- **input** 名意見
- **be on the same page** 同じ意見である
- **belongings** 名持ち物；私物

Lesson 8

ダブルパッセージ
就職申込書＋メール

Job Application

Position applying for: *Secretary*
Name: *Pamela Hodges*
Address: *4592 West Heights, Scranton*
Tel: *555-8273*
E-mail: *phodges@jnt.com*
Education:
- University   *Frederickson University*
- Area of study   *Business Administration*
- High school   *La Quinta High School*

Work experience: *Edwards, Inc.*
Secretary to the CFO
- Job duties   *General office administration*
- Reason for leaving   *I moved out of town*

References   *John Walker, Trighton Industries CEO*
555-4782-0912

Which working shift do you prefer?
  Any   Weekday *X*   Weekend

Are you willing to travel?
  Yes *X*   No

Date that you can start: *Immediately*

I hereby certify that all information on this application is true and complete.

Signature:

Pamela Hodges

To: Pamela Hodges <phodges@jnt.com>
From: Tim Gold <gold@transtar.com>
Subject: Job application

Dear Ms. Hodges,

My name is Tim Gold, and I'm the head of the HR department at Transtar. You recently applied for a secretarial position with us, and after looking over your application, I'd like to invite you to come to my office for an interview.

Would it be possible for you to come in on Monday between 11:00 and 1:00 p.m., Wednesday between 3:00 and 4:00 p.m., or Thursday between 5:00 and 7:00 p.m. next week?

Our company operates on a daily basis so therefore it is essential that we find someone who is willing to work some weekends, too. I noticed that you specified otherwise. Would you consider working weekends on some occasions?

Please call my office at 555-7200 ext. 257 or reply to this e-mail to schedule an appointment for an interview.

Kind regards,
Tim Gold

Lesson 8

1. What kind of position is Pamela Hodges applying for?
   (A) A managerial position
   (B) A receptionist position
   (C) A secretarial position
   (D) A temp position

   Ⓐ Ⓑ Ⓒ Ⓓ

2. What was the reason Pamela Hodges left her previous job?
   (A) She was fired.
   (B) The company was downsizing.
   (C) She left town.
   (D) The company moved its office.

   Ⓐ Ⓑ Ⓒ Ⓓ

3. What was Pamela Hodges' duty at her old position?
   (A) To manage a sales staff
   (B) To assist the chief financial officer
   (C) To assist the chief executive officer
   (D) To manage a secretarial staff

   Ⓐ Ⓑ Ⓒ Ⓓ

ダブルパッセージ：就職申込書＋メール

4. What is the purpose of Tim's e-mail to Pamela?
 (A) To find out if she will work every day
 (B) To ask her to start working immediately
 (C) To get more information from her
 (D) To schedule an interview date

5. What did Tim notice about Pamela's application?
 (A) She cannot work immediately.
 (B) She wants a full-time position.
 (C) She wants to work weekdays only.
 (D) She only wants to work during the week.

Lesson 8 ★★★

1. 正解：(C)

解説 Pamela が応募した職種を聞いているので、就職申込書を見る。冒頭に Position applying for: Secretary とあるので、「秘書」の仕事に応募したことが分かる。(C) が正解。

2. 正解：(C)

解説 前職を辞めた理由は、就職申込書の Reason for leaving 欄に I moved out of town と書かれている。「転居した」ことが理由である。moved out of town を left town と言い換えた (C) が正解。

3. 正解：(B)

解説 前職の内容については、就職申込書の職歴欄 (Work experience) に Edwards, Inc. / Secretary to the CFO と、職務欄 (Job duties) に General office administration とそれぞれ記入されている。前者から (B) の「最高財務責任者 (Chief Financial Officer) の補佐」が選べる。

4. 正解：(D)

解説 メールの冒頭は自己紹介なので、次の文を参照。I'd like to invite you to come to my office for an interview. とあり、「面接の依頼をしている」ことが分かる。第2パラグラフは「面接日程の調整」、第3パラグラフは「週末に働けるかどうかの確認」、第4パラグラフは「連絡のしかた」なので、(D) の「面接日程を調整すること」が最適。

5. 正解：(C)

解説 メールの中で notice という動詞を探すと、第3パラグラフに I noticed that you specified otherwise. とある。otherwise は「別なふうに」の意で、前文の work some weekends に対応する。就職申込書の方も見ると、Which working shift do you prefer? の項目で、Pamela は Weekday にチェックを入れている。つまり彼女は「平日勤務」を希望しているわけで、(C) が正しい。Tim は Would you consider working weekends on some occasions? として、週末勤務をお願いしている。メールだけからでも判断できなくはないが、両文書を見たほうが正確に解答できる。

ダブルパッセージ：就職申込書＋メール

日本語訳

就職申込書

応募職種：　　　秘書 ← 設問1 応募した職種
氏名：　　　　　パメラ・ホッジズ
住所：　　　　　ウエストハイツ4592番地、スクラントン
電話：　　　　　555-8273
メール：　　　　phodges@jnt.com
学歴：
　・大学　　　　フレデリクソン大学
　・専攻分野　　経営学
　・高校　　　　ラキンタ高校
職歴：　　　　　エドワーズ社CFO付き秘書 ← 設問3 前職での業務
　・職務　　　　一般業務管理
　・退職理由　　住居の引越しのため ← 設問2 前職を辞めた理由
照会先　　　　　ジョン・ウォーカー、トライトン・インダストリーズCEO
　　　　　　　　555-4782-0912
希望する勤務時間帯
　特に希望なし　　　　　平日 X ←　　　週末
出張の可否　　　　　　　　　　　設問5 ティムが気づいたこと
　できる　X　　　　　　できない
就業開始日：　すぐにでも可能

この応募書類に記載した全内容は事実に相違ないことをここに認めます。
署名：
Pamela Hodges

Lesson 8

受信者：パメラ・ホッジズ <phodges@jnt.com>
送信者：ティム・ゴールド <gold@transtar.com>

件名：求人への応募

設問4 メールの目的

ホッジズ様
ティム・ゴールドと申します。トランスター社の人事部長です。弊社秘書の募集にご応募いただいておりましたが、応募書類を検討した結果、私のオフィスまで面接にお越しいただけましたらと思います。
来週、月曜日の午前11時から午後1時、水曜日の午後3時から4時、木曜日の午後5時から7時のいずれかに、ご来社いただけませんでしょうか。
弊社は毎日営業しているため、週末にも勤務していただける方を探しています。ホッジズ様は別のご希望があるようですが、時によっては週末の勤務もご検討いただけないでしょうか。
面接の日時を設定するため、私のオフィス（555-7200、内線257）にお電話いただくか、このメールにご返信ください。
よろしくお願いいたします。

設問5 ティムが気づいたこと

ティム・ゴールド

---

1. パメラ・ホッジズが応募した職種は何ですか。
　(A) 管理職
　(B) 受付係
　(C) 秘書
　(D) 臨時の職

2. パメラ・ホッジズが前の仕事を辞めた理由は何ですか。
　(A) 彼女は解雇された。
　(B) 会社が業務を縮小していた。
　(C) 彼女は引っ越した。
　(D) 会社が移転した。

ダブルパッセージ：就職申込書＋メール

3. パメラ・ホッジズの前職での業務は何でしたか。
   (A) 販売スタッフの管理
   (B) 最高財務責任者の補佐
   (C) 最高経営責任者の補佐
   (D) 秘書スタッフの管理

4. パメラに宛てたティムのメールの目的は何ですか。
   (A) 彼女が毎日勤務できるか確認すること
   (B) 彼女にすぐに働き始めるよう頼むこと
   (C) 彼女の情報をもっと集めること
   (D) 面接日程を調整すること

5. ティムはパメラの申込書について何に気づきましたか。
   (A) 彼女はすぐには働くことができない。
   (B) 彼女は常勤の仕事を望んでいる。
   (C) 彼女は平日だけの勤務を望んでいる。
   (D) 彼女はその週の間働きたいだけである。

ボキャブラリー・チェック

- **job application** 就職申込書
- **position** 名職位；ポスト
- **apply for** ～に応募する
- **business administration** 経営学
- **job duties** 業務内容
- **administration** 名管理業務
- **move out of town** 引っ越す
- **reference** 名照会先；推薦者
- **certify** 動証明する
- **complete** 形完全な
- **signature** 名署名

- **HR department** 人事部
- **secretarial** 形秘書の
- **operate** 動営業する
- **on a daily basis** 毎日（年中無休で）
- **essential** 形必須の；絶対必要な
- **notice** 動気づく
- **specify** 動指定する；特定する
- **firm** 名会社
- **temp position** 臨時の仕事
- **fire** 動解雇する
- **downsize** 動業務を縮小する

Lesson 9

ダブルパッセージ
お知らせ＋メール

Notice

To all employees: Please do not use this lounge for activities other than taking a break during work hours or eating lunch. There have been several reports lately about employees using the lounge after hours for socializing or during work hours as a meeting space. Please use your own individual offices or the conference room for meetings. Also, please be sure to keep the lounge clean by properly disposing your trash. If you watch television during your break, please keep the volume at a reasonable level so as not to disturb anyone in nearby offices. Please adhere to the rules so that we can keep this lounge.

To: All staff
From: Janice Bristol
Subject: Employee Lounge

I just saw the notice posted in the employee lounge and had a concern. I have been using the lounge for client meetings for many reasons. First, it is sometimes the most private place to have a meeting as there is a lot of noise in the halls outside my office. Next, it's a comfortable space where I can serve my clients coffee. I would also like to note that there are many times when we are unable to use the conference room for a meeting because it's already occupied, or the meeting itself is only between two people and therefore too small for such a big room. I would like management to reconsider using the employee lounge for meetings and would also like to get others' opinions on it.
Thanks.
Janice

Lesson 9

1. What is the purpose of this memo?
   (A) To remind employees to keep the lounge clean
   (B) To tell employees to use the lounge only for eating and breaks
   (C) To let the employees know that the lounge is a meeting space
   (D) To tell the employees that the lounge has closed

   Ⓐ Ⓑ Ⓒ Ⓓ

2. What has been reported about the lounge?
   (A) The employees only use it as a lunch space.
   (B) The employees are not taking breaks there.
   (C) The employees are using it for meetings.
   (D) The employees are having parties there.

   Ⓐ Ⓑ Ⓒ Ⓓ

3. What is asked of the employees?
   (A) To use the lounge for meetings only
   (B) To stop misusing the lounge
   (C) To take frequent breaks
   (D) To pay to use the lounge

   Ⓐ Ⓑ Ⓒ Ⓓ

ダブルパッセージ：お知らせ＋メール

4. Why did Janice write the e-mail message?
   (A) To confess that she has misused the lounge
   (B) To ask the manager to reopen the lounge
   (C) To express her concern about the lounge rules
   (D) To ask the manager to reconsider having a lounge

5. What would Janice like her coworkers to do?
   (A) Stop misusing the lounge
   (B) Protest the lounge rules
   (C) Write e-mail messages to the manager
   (D) Give their opinions on the use of the lounge

Lesson 9 ★★

1. 正解：(B)

解説 お知らせの冒頭を見る。Please do not use this lounge for activities other than taking a break during work hours or eating lunch. と書かれていて、「ラウンジを勤務中の休憩と昼食以外に使わないでほしい」と求めている。これ以降には、ラウンジ使用の現状や注意事項が続く。(B) が最適。(A) の「ラウンジを清潔に保つ」ことは注意事項の1つにすぎない。

2. 正解：(C)

解説 report に類する表現が使われているところを探すと、お知らせの第2文に There have been several reports lately about employees using the lounge after hours for socializing or during work hours as a meeting space. とある。最近の報告によれば、ラウンジは「勤務後の社交」と「勤務時間内の打ち合わせ」に使われている。(C) が後者に合致する。

3. 正解：(B)

解説 お知らせの最後に Please adhere to the rules so that we can keep this lounge. とある。adhere to は「～を守る；～を遵守する」という意味で、「ラウンジを引き続き使用できるように、規則を守ってください」という内容となる。「ラウンジを誤って使わないこと」とする (B) が適切。前問でも引いたように「勤務時間中の打ち合わせ」もいけないのだから、(A) は不適。(C) や (D) はこのお知らせにはまったく書かれていない。

4. 正解：(C)

解説 Janice はメールの冒頭で、I just saw the notice posted in the employee lounge and had a concern. として、お知らせが定めるラウンジ使用の規則に懸念を表明している。第2文からも分かるように、Janice はクライアントとの打ち合わせ (client meetings) に使っており、打ち合わせに利用できるようにしてほしいとの希望を述べている。(C) が正しい。(B) も (D) も経営陣に依頼する内容である to 以下がおかしい。

5. 正解：(D)

解説 設問の coworker は他の社員のこと。メールの最後に management に

ダブルパッセージ：お知らせ＋メール

対する要請とともに、and would also like to get others' opinions on it. と書かれている。others はここでは management に対応する形で使われているので同僚の社員と考えられる。つまり、社員に意見を求めているわけで、(D) が正解である。なお、英語では「経営陣・雇用者」と「社員・被雇用者」を峻別する。

日本語訳

お知らせ

設問1 お知らせの目的　　　設問2 ラウンジについての報告

従業員のみなさんへ：このラウンジは、就業時間中の休憩または昼食以外の活動には使用しないでください。最近、就業時間後の集まりや、就業時間中の打ち合わせにラウンジが使われているという報告があります。打ち合わせには各自のオフィスか会議室を使用してください。また、ごみは適切に処分し、ラウンジを清潔に保つようにしてください。休憩時にテレビを見る場合は、音量を適度に絞り、近くのオフィスで仕事をしている人の迷惑にならないようにしてください。ラウンジを引き続き使用できるように、規則を守ってください。

設問3 従業員に求められているもの

受信者：全従業員
送信者：ジャニス・ブリストル
件名：従業員ラウンジ　　設問4 メールを書いた理由

先ほど、従業員ラウンジに掲示されたお知らせを見て、懸念を持ちました。私はいろいろな理由から、お客様との打ち合わせにラウンジを使用してきました。まず、私のオフィスの外の廊下はとてもうるさくて、ラウンジは往々にして打ち合わせができる最も落ちつける場所だからです。次にお客様にコーヒーをお出しできる、居心地がいい場所だからです。さらに、会議室がふさがっていて、打ち合わせに使えないことがよくあるということです。または、2人だけの打ち合わせの場合、大きな会議室を使うほどではないということもあります。打ち合わせに従業員ラウンジを使用することについて経営陣の皆さんに再考をお願いします。また他の人たちの意見も聞きたいと思います。
よろしくお願いします。
ジャニス

設問5 同僚へのアクションの要請

Lesson 9

1. このお知らせの目的は何ですか。
   (A) ラウンジを清潔に保つよう従業員に確認すること
   (B) ラウンジを食事と休憩だけに使うよう従業員に伝えること
   (C) ラウンジが打ち合わせ用の場所であることを従業員に知らせること
   (D) ラウンジが閉鎖されたことを従業員に伝えること

2. ラウンジについてどんなことが報告されましたか。
   (A) 従業員は昼食の場所としてしか使っていない。
   (B) 従業員はそこで休憩を取っていない。
   (C) 従業員がそこを打ち合わせに使っている。
   (D) 従業員がそこでパーティーを開いている。

3. 従業員に何が求められていますか。
   (A) ラウンジを打ち合わせだけに使うこと
   (B) ラウンジの誤用をやめること
   (C) 休憩を頻繁に取ること
   (D) ラウンジの使用料を支払うこと

4. ジャニスはなぜメールを書いたのですか。
   (A) ラウンジを間違って使用していたことを告白するため
   (B) マネジャーにラウンジの再開を頼むため
   (C) ラウンジの規則について彼女の懸念を述べるため
   (D) ラウンジの設置を再考するようマネジャーに頼むため

5. ジャニスは同僚に何をしてほしいですか。
   (A) ラウンジの誤った使い方をやめる
   (B) ラウンジの規則に抗議する
   (C) マネジャーにメールを書く
   (D) ラウンジの使い方について意見を述べる

ダブルパッセージ：お知らせ+メール

ボキャブラリー・チェック

- **employee** 名社員
- **take a break** 休憩を取る
- **socializing** 名社交
- **individual** 形個人の
- **conference** 名会議
- **properly** 副適切に；礼儀正しく
- **dispose** 動処分する；捨てる
- **trash** 名ごみ
- **reasonable** 形適切な；ほどよい
- **disturb** 動邪魔をする
- **adhere to** 〜を遵守する
- **post** 動掲示する
- **concern** 名心配；懸念
- **comfortable** 形快適な
- **occupied** 形ふさがって；いっぱいで
- **remind** 動気づかせる
- **misuse** 動誤用する
- **confess** 動告白する
- **protest** 動抗議する

Lesson 10

ダブルパッセージ
レター＋メール

Fortrum Outdoor
2178 Regal Avenue
Fulsom, MI 67839

To Whom It May Concern,

　Last week I purchased a pair of your hiking boots that you advertised as being comfortable and waterproof. Your ad also stated that they give hikers proper ankle support. However, when I went on a hike with these boots, I discovered that they were not as you advertised them. It was raining, and my feet became soaked from the rain. I also hurt my ankle stepping on some rocks because the shoes did not support them properly.

　I promptly took the shoes back to the store for a refund and got a new pair that is a different brand. I think that your advertising is false and misleading, and that you should take immediate action to remove this advertisement.
Lyle Convent

To: Stan Dreyer
From: Sasha Colbertson
Subject: Letter of complaint

Dear Stan,

I'm sure you've seen the letter of complaint we received from a customer named Lyle Convent. I am shocked and dismayed as this is the very first time we have ever received such a complaint. I have the R&D department on the case checking a pair of our hiking boots to see if his claims are true. In the meantime I don't think I need to remind you that he could possibly file a complaint under section 201, which would damage the company's reputation somewhat. If you haven't done so already, I'd like you to send this customer a letter of apology along with a voucher for some free products. Please let me know when you have done this.

Regards,
Sasha

Lesson 10

1. In the first document, the word "misleading" in paragraph 2, line 3, is closest in meaning to
   (A) deceptive
   (B) wrong
   (C) false
   (D) backwards

   Ⓐ Ⓑ Ⓒ Ⓓ

2. What is Lyle Convent's problem?
   (A) He was misled by an advertisement.
   (B) He broke his ankle with faulty shoes.
   (C) He went hiking in the rain and became ill.
   (D) He doesn't like the style of his new shoes.

   Ⓐ Ⓑ Ⓒ Ⓓ

3. What would Lyle Convent like the company to do?
   (A) Send him some new shoes
   (B) Reimburse him for the shoes
   (C) Stop its false advertising
   (D) Give him a coupon

   Ⓐ Ⓑ Ⓒ Ⓓ

ダブルパッセージ：レター＋メール

4. What is the purpose of Sasha's e-mail to Stan?
   (A) To ask him to send Lyle Convent some shoes
   (B) To ask him to consult the R&D department
   (C) To ask him to take action on Lyle Convent's complaint
   (D) To ask him to read Lyle Convent's letter

   Ⓐ Ⓑ Ⓒ Ⓓ

5. What is Sasha's main concern?
   (A) Lyle Convent may file an official complaint.
   (B) Stan won't do what she asked.
   (C) Lyle Convent will want a refund.
   (D) Stan hasn't read Lyle's letter.

   Ⓐ Ⓑ Ⓒ Ⓓ

解答チェック!		
	1回目	2回目
解答日	月　日	月　日
タイム	分　秒	分　秒
正解数	／5	／5

Lesson 10 ★★★

1. 正解：(A)

解説 mislead は cause someone to have a wrong idea or impression が原意で、「誤った考えをもたせる；誤った方向に導く」が正確な意味。(A) の deceptive（人をだます）が最適。false と並列されていることからも、false に近い意味だが、少しニュアンスが異なると解すべきで、(C) の false は適切ではない。(B) の wrong では misleading の leading の部分が表現できない。

2. 正解：(A)

解説 Lyle の手紙を見る。まず、冒頭の2文で、ハイキングブーツが「履き心地がよく、耐水性がある (comfortable and waterproof)」、「足首を適切にサポートする (give hikers proper ankle support)」という広告を見て購入したという経緯を述べる。そして、第1パラグラフの後半で、そのブーツを履いて出かけたものの「雨で足が濡れ」「足首を痛めた」と書いている。また、第2パラグラフでは I think that your advertising is false and misleading, (広告が偽りで誤解を招く) と主張している。(A) の「広告に欺かれた」が最適。(B) のように Lyle が足首を骨折までしたかどうかは不明で、(C) のように雨中にハイキングに出かけ病気になったわけでもない。

3. 正解：(C)

解説 Lyle のこの会社への要請については、最後に you should take immediate action to remove this advertisement. (この広告を削除する早急な措置を取るべき) と書かれている。その直前に広告が false（偽り）だと述べているので、「偽りの広告をやめる」とする (C) が正解となる。

4. 正解：(C)

解説 冒頭の2文では、「Lyle Convent という顧客からクレームの手紙をもらった」、「こうしたクレームは初めてなのでショックを受け、落ち込んでいる」と述べられているが、内容が一致する選択肢がないので、読み進める。すると、終わりの方に I'd like you to send this customer a letter of apology along with a voucher for some free products. として、「この顧客に詫び状と無料の商品クーポン券を送る」よう指示している。これを take action on Lyle Convent's complaint と表現した (C) が内容的に近い。(A) と (B) はメールの内容と矛盾す

る。(D) も、第1文から、Stan はすでに手紙を読んだようなので、不適。

5. 正解：(A)

解説 メールの中ほどの、In the meantime I don't think I need to remind you that he could possibly file a complaint under section 201 which would damage the company's reputation somewhat. に注目。「会社の評判を傷つけるかもしれない」というのは大きな心配と考えられる。何がそうするかは which の前にある he could possibly file a complaint under section 201（彼がセクション201に基づいて訴えを起こす）ことである。これを file an official complaint と言い換えた (A) が正解である。なお、Section は法律の条文を指す。

日本語訳

フォートラム・アウトドア
リーガル・アベニュー2178番地
フルサム、ミシガン州67839

ご担当者様
　先週、履き心地がよく耐水性があると御社が宣伝しているハイキングブーツを買いました。広告では、ハイカーの足首を適切にサポートするともありました。しかし、このブーツを履いてハイキングに出かけたのですが、まったく宣伝どおりではありませんでした。雨が降っていて、足は雨でぐっしょり濡れてしまいました。また、靴のサポートがしっかりしていなかったため、岩の上に乗ったときに足首を痛めてしまいました。
　私はすぐに靴を店に持って行って返金してもらい、他のブランドの新しい靴を買いました。御社の広告は偽りで、誤解を招くものであり、この広告を削除する早急な措置を取るべきと思います。
ライル・コンベント

設問2 ライルの問題
設問3 この会社への要請

Lesson 10

受信者：スタン・ドレイヤー
送信者：サーシャ・コルバートソン
件名：苦情の手紙

スタンへ

　当社に送られてきたライル・コンベントというお客様からの苦情の手紙を目にしたことと思います。こういった苦情を受けるのはまったく初めてのことなので、ショックを受け、困惑しています。お客様の苦情が本当なのかどうか、この件について研究開発部に頼んでハイキングブーツの検査をしてもらっています。ところで、このお客様がセクション201に基づいて訴えを起こす可能性があるということは、あなたに言うまでもないことですよね。そんなことになったら、会社の評判に多少なりとも傷がつきます。もしまだ実行していないのであれば、このお客様に、いくつかの製品に使える無料クーポン券を付けて、詫び状を送ってください。仕事が完了したら連絡してください。
よろしくお願いします。
サーシャ

設問5 サーシャの主な心配
設問4 手紙の目的

1. 最初の文書の第2パラグラフ3行目にある"misleading"に意味が最も近いのは
   (A) 人をだます
   (B) 誤った
   (C) 偽りの
   (D) 後ろに

2. ライル・コンベントの問題は何ですか。
   (A) 彼は広告に欺かれた。
   (B) 彼は欠陥のある靴で足首を骨折した。
   (C) 彼は雨の中をハイキングに出かけ、病気になった。
   (D) 彼は新しい靴のスタイルが気に入らない。

3. ライル・コンベントはこの会社に何をしてもらいたいのですか。
   (A) 新しい靴を彼に送る
   (B) 靴の払い戻しをする

(C) 偽りの広告をやめる
(D) クーポンを彼に与える

4. スタン宛てのサーシャのメールの目的は何ですか。
   (A) ライル・コンベントに靴を送るよう依頼すること
   (B) 研究開発部に相談するよう依頼すること
   (C) ライル・コンベントの苦情に対処するよう依頼すること
   (D) ライル・コンベントの手紙を読むよう依頼すること

5. サーシャの主な心配は何ですか。
   (A) ライル・コンベントが公式の不服を申し立てるかもしれない。
   (B) スタンが彼女が頼んだことをしない。
   (C) ライル・コンベントが返金を求めてくる。
   (D) スタンがライルの手紙をまだ読んでいない。

ボキャブラリー・チェック

- **To Whom It May Concern**
  ご担当者様
  ＊担当者名が分からないときに文頭に使う表現。
- **purchase** 動購入する
- **advertise** 動広告・宣伝する
- **waterproof** 形防水性の
- **state** 動述べる
- **proper** 形適切な
- **ankle** 名足首
- **soaked** 形ずぶ濡れの
- **promptly** 副すぐに
- **refund** 名返金
- **false** 形偽りの
- **misleading** 形誤解を招く
- **take action** 行動を取る
- **immediate** 形即座の
- **remove** 動取り除く
- **complaint** 名苦情；クレーム
- **dismayed** 形当惑して；うろたえて
- **R&D (= research & development)**
  研究開発
- **in the meantime** 一方で；当面の間
- **remind** 動気づかせる
- **damage** 動損害を与える
- **reputation** 名評判
- **somewhat** 副いくらか；少々
- **faulty** 形欠陥のある
- **deceptive** 形人をだます
- **backwards** 副後ろに；逆に
- **reimburse** 動払い戻しを受ける
- **consult** 動相談する

COLUMN 頻出単語⑦ 人材採用

- **applicant** 名応募者
  * apply for で「～に応募する」。

- **candidate** 名候補者

- **position** 名職位；ポスト
  * job、post などが類語。

- **help-wanted** 形求人の

- **proficient** 形熟達した；堪能な
  * skilled、experienced などが類語。

- **competent** 形有能な；優秀な
  * capable、able などが類語。

- **expertise** 名専門知識

- **skill** 名技能

- **duty** 名業務；仕事
  * 他に、task や responsibility なども使う。

- **résumé** 名履歴書

- **graduate** 名卒業生；大学院生
  * undergraduate で「大学生」。

- **degree** 名学位

- **occupation** 名職業

- **profession** 名職業

- **interview** 名面接 動面接する
  * interviewer は「面接官」、interviewee は「面接を受ける人」。

- **hire** 動雇用する；採用する

- **new recruit** 新入社員
  * recruit だけでも使える。

- **pension** 名年金

- **allowance** 名手当
  * transport / travel allowance（通勤手当）

- **paid holidays** 有給休暇

模擬テスト

学習の仕上げに模擬テストに挑戦しましょう。
①制限時間を設定してトライするか、②すべて解答して時間を計測するか、どちらかの方法で進めてください。
制限時間を設定する場合は設問1問＝1分の目安で「48分」を目標にしてください。

正解・解説 ☞ 147ページ

解答チェック！		
	1回目	2回目
解答日	月　日	月　日
タイム	分　秒	分　秒
正解数	／48	／48

Questions 1-2 refer to the following agenda.

Agenda for September 18 meeting
Alcord, Inc.

8:00-9:00 a.m.	Sign in, coffee and pastry service
9:00-10:15 a.m.	Attendees give brief self-introductions
10:15-11:00 a.m.	Presentation about sales calls
11:00-11:45 a.m.	Sales brainstorming session
11:45 a.m.-1:00 p.m.	Break for lunch, which will be served at every table
1:00-2:15 p.m.	Marketing strategies and survey analysis presentation
2:15-3:00 p.m.	Marketing and surveys brainstorming session
3:00-4:00 p.m.	Meeting evaluation and wrap-up

Changes or additions to this agenda can be made up until September 15.
Contact Harry Mueller to submit a change.

問題

1. According to the agenda, what will happen just before lunch?
   (A) Attendees will sign in.
   (B) Attendees will evaluate the meeting.
   (C) Attendees will express their sales ideas in a group.
   (D) Attendees will all take surveys and discuss the results.

   Ⓐ Ⓑ Ⓒ Ⓓ

2. What can people do three days before the meeting?
   (A) Send in an evaluation
   (B) Make changes or add to the schedule
   (C) Contact Harry Mueller to get feedback
   (D) Have a marketing brainstorming session

   Ⓐ Ⓑ Ⓒ Ⓓ

Go on to the next page. ▶

模擬テスト

Questions 3-4 refer to the following advertisement.

This weekend only at Fishman's! Get 50% off our entire inventory!

And that's not all. Customers who shop on Sunday can get an additional 10% off all women's and men's fashions. Graduation season is here, so we're offering new grads further discounts on all items in the store the entire weekend. Anyone who purchases items this weekend can get free parking and a free coffee from our snack bar if they show their receipt. There's no excuse to miss the sale this weekend, only at Fishman's—your number one department store.

Sale does not apply to seasonal items previously on sale

問題

3. What can new graduates receive if they shop on Sunday?
    (A) Ten percent off all items in the store
    (B) Fifty percent off all women's clothing
    (C) Sixty percent off all men's clothing
    (D) Over 60 percent off all items in the store

    Ⓐ Ⓑ Ⓒ Ⓓ

4. What will customers who buy something receive?
    (A) A ten percent discount on coffee and parking
    (B) A 60 percent discount on anything from the café
    (C) A cup of coffee and parking at no cost
    (D) A coupon for a free item in the store

    Ⓐ Ⓑ Ⓒ Ⓓ

Go on to the next page. ▶

Questions 5-7 refer to the following notice.

Tina Marie Jones
287 Elkgrove. Ave.
Redwood, CA.

Dear Ms. Jones,

   This notice is to inform you that we have not yet received your apartment rental payment for June. Please be reminded that the amount of $1,200 must be paid in full by next week. If we do not receive payment by then, we will be forced to report your delinquent account to a collection agency. We hope that you will remit the money soon so that we won't have to resort to that. If you fail to pay the funds to the collection agency, we will be forced to evict you. You have no other debts with our agency besides this, so your immediate attention to this matter is necessary. If you have any problems regarding payment or questions, please contact us right away.

Yours truly,

Chris Polson

DFG Rental Agency

5. What is the purpose of this notice?
   - (A) To report a tenant to a collection agency
   - (B) To notify a tenant of a delinquent payment
   - (C) To evict a tenant who hasn't paid the rent
   - (D) To tell a tenant about a rental raise

6. What does Chris Polson want?
   - (A) Partial payment of $1,200 by next week
   - (B) Payment of $1,200 by next week
   - (C) To meet with Ms. Jones by next week
   - (D) To pay Ms. Jones by next week

7. What will happen if Ms. Jones doesn't pay by next week?
   - (A) She will be evicted.
   - (B) Her account will be sent to a collection agency.
   - (C) She will be sent to court.
   - (D) She will have to pay twice the amount she owes.

Go on to the next page. ▶

模擬テスト

Questions 8-11 refer to the following memo.

MEMO

To: Management
From: Dave Parker
Date: January 5
Subject: Annual bonuses for employees

I am concerned about the fact that a large number of our staff members are resigning and taking positions elsewhere. When I looked into the reasons for this, I realized that we offer less incentives to them than other firms do. I think we should rethink our policy; especially when it comes to year-end bonuses.

At the moment we are paying bonuses after the holidays and not before. I think we should move the date up so that the employees may use that extra money to shop. I would also like to propose at least a 15% increase in the amount of money each employee receives.

Let's schedule a meeting for this week to discuss my proposal.

問題

8. What is the purpose of this memo?
   (A) To let management know of a resignation
   (B) To apply for a new position with management
   (C) To alert management about a problem
   (D) To propose a way to keep employees from quitting

   Ⓐ Ⓑ Ⓒ Ⓓ

9. According to the memo, what is the company doing?
   (A) Offering its employees more incentives to work
   (B) Giving its employees fewer benefits than other companies
   (C) Downsizing its staff
   (D) Cutting the employees' salaries by 15 percent

   Ⓐ Ⓑ Ⓒ Ⓓ

10. What would Dave like the company to do?
    (A) Downsize the staff further to save 15 percent in revenue
    (B) Increase the number of staff by 15 percent
    (C) Give employees bigger bonuses before the holiday
    (D) Give employees bigger bonuses after the holidays

    Ⓐ Ⓑ Ⓒ Ⓓ

11. What will Dave most likely do this week?
    (A) Get approval for his proposal
    (B) Propose to hire more employees at a meeting
    (C) Ask for a raise from his supervisor
    (D) Meet with the managers to discuss his solution to the problem

    Ⓐ Ⓑ Ⓒ Ⓓ

Go on to the next page. ▶

模擬テスト

Questions 12-14 refer to the following e-mail.

To: HR Manager <hrmanager@oldstein.com>
From: Harold Banks <banks@grcn.com>
Subject: Reference for Manuel Garcia

I am writing to recommend Mr. Manuel Garcia for the position that you are offering within your organization. Mr. Garcia was under my employ for five years as an assistant manager, and during that time he showed great skill in getting any task done quickly and efficiently. He was an asset to our firm, and needless to say, I was saddened by the fact that he left his position here to move upstate.

He has outstanding communication skills and is a real team player. His coworkers and clients alike raved about his cordialness and hard work. I believe that Mr. Garcia would be as great an asset to your organization as he was to ours.

Yours truly,
Harold Banks

12. Why did Mr. Banks write this e-mail message?
  (A) To inquire about Mr. Garcia
  (B) To recommend a promotion for Mr. Garcia
  (C) To provide a reference for Mr. Garcia
  (D) To apply for a position with Mr. Garcia

Ⓐ Ⓑ Ⓒ Ⓓ

13. What is NOT mentioned about Mr. Garcia?
  (A) He moved to a different area.
  (B) He worked for Mr. Banks for five years.
  (C) He could finish any job efficiently.
  (D) His clients often took him out.

Ⓐ Ⓑ Ⓒ Ⓓ

14. What can be implied about Mr. Garcia?
  (A) He was well-liked at his former company.
  (B) He took his time when doing a task.
  (C) He often played sports with his coworkers.
  (D) He left his former company because he wasn't happy.

Ⓐ Ⓑ Ⓒ Ⓓ

Go on to the next page. ▶

模擬テスト

Questions 15-17 refer to the following article.

WASHINGTON—The financial outlook on the machinery sector is good as it's predicted that the economy will improve after a long contraction. After a two-year drop in orders for heavy machinery, it looks like the numbers will pick up this year and possible next. Most manufacturers are expecting gains of 10 to 40 percent, following several quarters of declines of 0.5 percent. The world's largest manufacturers and exporters of welding equipment, robotics and heavy machinery are all predicting increased profits and investor sentiments in the industry are on the upswing. Employment in machinery sector jobs, however, have taken a downturn and are expecting to increase only slightly, but only in the tech machinery sector. Traditional machinery-related positions will most likely continue to decline.

問題

15. What is the main topic of this article?
 (A) The future state of the machinery sector
 (B) The decline in jobs due to the bad economy
 (C) Machinery-related positions on the upswing
 (D) The machinery sector declines of 0.5 percent

ⓐ ⓑ ⓒ ⓓ

16. What is NOT mentioned about the machinery sector?
 (A) Jobs in the tech machinery sector will increase a bit.
 (B) The number of traditional machinery positions will decrease.
 (C) Jobs in factories will be on the decline.
 (D) Employment in the sector has declined.

ⓐ ⓑ ⓒ ⓓ

17. What can be said about investors?
 (A) They are optimistic about the industry.
 (B) They are pessimistic about the industry.
 (C) They think the industry will have large swings.
 (D) They think the industry will be up and down.

ⓐ ⓑ ⓒ ⓓ

Go on to the next page. ▶

模擬テスト

Questions 18-21 refer to the following warranty.

Teller and Sons warrants its work for two years from the service date. Customers who experience any problems with the work or the materials used in the remodeling of their homes are guaranteed replacement and repair at no extra cost. Under this warranty, customers can get the work done within two weeks of reporting the problem. Please allow this time for ordering materials. We will not be held liable for damage or problems incurred by the customer. This includes damage caused by fire, misuse, flooding or abuse. Certain parts used in the remodeling may be under warranty by their manufacturers. If it is deemed that the problem is caused by a faulty part, it is the customer's responsibility to get a replacement based on the manufacturer's warranty.

問題

18. What is this warranty most likely for?
   (A) An appliance
   (B) Construction work
   (C) Certain machine parts
   (D) A housekeeping service

   Ⓐ Ⓑ Ⓒ Ⓓ

19. When can a customer get work done under this warranty?
   (A) Immediately after reporting the problem
   (B) As soon as the parts are ordered
   (C) Two days after reporting the problem
   (D) Fourteen days after reporting the problem

   Ⓐ Ⓑ Ⓒ Ⓓ

20. What is NOT listed as something the customer is liable for?
   (A) Flood damage
   (B) Fire damage
   (C) Improper usage
   (D) Neglect

   Ⓐ Ⓑ Ⓒ Ⓓ

21. What can be said about certain parts?
   (A) They are under each maker's warranty.
   (B) They are under Teller and Sons' warranty.
   (C) They are not under any warranty.
   (D) They are most likely to be faulty.

   Ⓐ Ⓑ Ⓒ Ⓓ

Go on to the next page. ▶

模擬テスト

Questions 22-24 refer to the following instruction manual.

This user's manual will give you step-by-step instructions on how to use your new smartphone. First, charge the device's battery with the adapter. Once it is fully charged, insert the SIM card in the slot in the back. Make sure the rounded corner of the SIM card is inserted into the upper right hand side. Turn on your phone by pressing the power switch on the top. The start-up menu will guide you through installation of the features for your new phone. Select the language, date and time, and input your mail account information and WiFi settings. When you're finished with the set-up, plug your device into your computer with the enclosed firewire cable to sync your device's data with your computer. You will need this backup in case your device crashes and you need to restore all its data.

22. What is the first thing the user must do?
  (A) Install the SIM card
  (B) Turn on the device
  (C) Charge the device
  (D) Change the device's battery

  Ⓐ Ⓑ Ⓒ Ⓓ

23. What can the user do if the device crashes?
  (A) Get a refund
  (B) Replace the SIM card
  (C) Call the manufacturer
  (D) Restore the data by computer

  Ⓐ Ⓑ Ⓒ Ⓓ

24. The word "enclosed" in line 3 from the bottom is closest in meaning to
  (A) replaced
  (B) entered
  (C) shut
  (D) inserted

  Ⓐ Ⓑ Ⓒ Ⓓ

Go on to the next page. ▶

Questions 25-28 refer to the following blog entry.

Technology Today
June 9

I just read the news today that the government is looking into newer, easier and faster ways for law enforcement officials to spy on Internet users. Government officials are hoping that internet service providers will cooperate and incorporate this new technology as they believe that these days, most criminals plan their crimes online rather than by the telephone.

Many human rights groups are protesting this new technology, saying that it infringes on people's basic right to privacy. I also believe that this new government plan is violating our civil liberties and has the potential to be abused by law enforcement.

Government officials argue, however, that they have already been using spying techniques over the Internet in order to capture criminals, but that the technology used for it is too slow. They say that because this new technology is speedy and more efficient, it will allow law enforcement officials to prevent many major crimes and make more arrests.

I think that it's a good thing, but the privacy of ordinary citizens is at stake. So I believe that they should only be allowed to spy on known criminals.

問題

25. What is this blog entry mainly about?
   (A) Human rights groups' protests
   (B) Government plans to spy on Internet users
   (C) New Internet technologies
   (D) Law enforcements techniques for making arrests

   Ⓐ Ⓑ Ⓒ Ⓓ

26. What is the writer's opinion about the news?
   (A) He thinks the idea has been thought of before.
   (B) He thinks it's too expensive for taxpayers.
   (C) He thinks it promotes human rights.
   (D) He thinks it's an invasion of privacy.

   Ⓐ Ⓑ Ⓒ Ⓓ

27. What is the government's main complaint?
   (A) The technology now isn't fast enough.
   (B) They cannot spy on all criminals now.
   (C) Human rights groups are against spying.
   (D) The blogger doesn't approve of the plan.

   Ⓐ Ⓑ Ⓒ Ⓓ

28. What does the blogger think the government should do?
   (A) Get better technology to prevent crime
   (B) Only target criminals and not everyone
   (C) Make laws that prevent Internet spying
   (D) Form more groups to promote human rights

   Ⓐ Ⓑ Ⓒ Ⓓ

Go on to the next page. ▶

Questions 29-33 refer to the following e-mail and advertisement.

To: Terry <t.reed@filco.com>
From: Lisa <l.forsythe@filco.com>
Subject: The online ad

Hi Terry,

I just wanted to send along the new ad for the web that will be put online this weekend. The art department is still working on the entire image. I'd like you to look over the copy and make changes if necessary, and send it back to me by 5:00 p.m. today so I can get it to the artists ASAP, and then I can send the finished ad back to you for approval. We are targeting sites and blogs that attract young viewers, so please keep that in mind when you're looking it over.

Thanks and I look forward to hearing your feedback later today.

Regards,
Lisa

Look cool for the summer!

Filco is having a sale on all summer clothing, just in time for vacation. Come to Filco for the entire month and find savings on junior's clothing, shoes, accessories and swimwear. And it gets better--buy any two items in our store, and receive one item of a lesser value for free!
With Filco, you can afford to look cool.

写真 © Fotolia

模擬テスト

29. What is the purpose of Lisa's e-mail to Terry?
   (A) To send an image of a new ad
   (B) To send the words for a new ad
   (C) To let him know about the date for the ad
   (D) To let him know that he can copy the ad

   Ⓐ Ⓑ Ⓒ Ⓓ

30. What would Lisa like Terry to do?
   (A) Change the ad completely
   (B) Put the ad online
   (C) Check the image for the ad
   (D) Check the words in the ad

   Ⓐ Ⓑ Ⓒ Ⓓ

31. What does Lisa want Terry to keep in mind?
   (A) The cost of the ad
   (B) The way to copy the ad
   (C) The viewers of the ad
   (D) The blogs for the ad

   Ⓐ Ⓑ Ⓒ Ⓓ

32. In the first document, the word "targeting" in paragraph 1, line 7, is closest in meaning to
(A) sending
(B) selling
(C) making
(D) aiming

Ⓐ Ⓑ Ⓒ Ⓓ

33. What can a customer who buys two items receive?
(A) Any third item for free
(B) A cheaper item for free
(C) An item for a higher price
(D) A discount on three items

Ⓐ Ⓑ Ⓒ Ⓓ

Go on to the next page. ▶

Questions 34-38 refer to the following memorandum and e-mail.

MEMORANDUM

To: All staff
From: Maintenance
Subject: Upcoming air conditioning repairs

It has come to our attention that the air conditioners have not been working properly in the midst of this heat wave. Therefore, we will be repairing the air conditioning system this week. As this may cause some disturbance to those who work near the air conditioning units, we would like to ask those people to move to the employee lounge for the time being. The dates will be from Monday, the 21st to Friday the 25th. Thanks for your understanding and we hope there will be no inconvenience. Please contact us with your questions and concerns.

To: Maintenance
From: Pete Harris
Subject: Air conditioning repairs

Hi,
I had a few questions and concerns about the upcoming air conditioning system repairs. I am one of the people who will have to move to the lounge, but we usually use the lounge to meet clients in. Will there be another place set up for that purpose? I'm also concerned about any damage or mess to my desk. Do we need to move our desks out of the way and bring all of our documents with us? It will be nice to finally have some cool air in the office, but we do have a pressing need first to serve our clients well. I hope the issues I've brought up will be addressed.
Regards,
Pete

模擬テスト

34. What is the purpose of this memo?
 (A) To let staff members know they have to move their desks
 (B) To let staff members know that they will be inconvenienced
 (C) To let staff members know that the air conditioners are out of order
 (D) To let staff members know that they will be conducting repairs

Ⓐ Ⓑ Ⓒ Ⓓ

35. What should those employees who work near the air conditioning units do?
 (A) Move all of their documents
 (B) Move to the lounge
 (C) Cover their clothing
 (D) Buy fans

Ⓐ Ⓑ Ⓒ Ⓓ

36. How long will it take to do the work?
 (A) Five weeks
 (B) One day
 (C) One week
 (D) Five days

Ⓐ Ⓑ Ⓒ Ⓓ

37. Why is Pete writing an e-mail?
 (A) To complain about the air conditioners
 (B) To warn the maintenance staff about the heat
 (C) To express a few concerns
 (D) To ask for help moving his desk

38. What would Pete like to know?
 (A) If he needs to move his desk and documents
 (B) How long he will have to use the lounge
 (C) What kind of work is being done
 (D) What he can serve to his clients

Go on to the next page. ▶

Questions 39-43 refer to the following insert and letter.

SX400 Digital Camera

Thank you for purchasing the SX400. Its slim, compact design makes it easy to carry and store, and it has a 5x zoom lens that produces clear close-up shots and a fine macro lens for crisp images. Its image-stabilizing feature prevents images from becoming blurred when the camera is moved. You can easily upload images onto your PC or show a slide show of your images on your television. It also comes with a two-year service warranty, a strap and a carrying case.

イラスト © Fotolia

Holbrook, Inc.
388 Farmland Lane
Indianapolis, Indiana

To Whom It May Concern:

   I recently bought your SX400 camera on sale at a local camera shop. When I got home, I opened the package and read the insert that said the camera comes with a strap and a case. But I looked in the box very thoroughly and couldn't find either. The insert also said that the camera has a function that prevents the images from becoming blurred when the camera is shaken. But when I switched the function on and tried it, all the images came out blurry. I took the camera back to the store and exchanged it, but the new camera had the same problem with the blurred images. I would like your company to address this issue immediately, as it seems to be a defect in this camera model.

Best regards,

Patricia Wilson

模擬テスト

39. What can be implied about the camera?
   (A) It has a big lens.
   (B) It's small and light.
   (C) It's very expensive.
   (D) It's the newest model.

   Ⓐ Ⓑ Ⓒ Ⓓ

40. What is NOT listed as a feature of the camera?
   (A) It has a fine macro lens.
   (B) It has a function that prevents blurred images.
   (C) It has a built-in PC.
   (D) It has a powerful zoom lens.

   Ⓐ Ⓑ Ⓒ Ⓓ

41. What kind of warranty does the camera have?
   (A) A one-year service warranty
   (B) A two-year replacement warranty
   (C) A one-year service and replacement warranty
   (D) A two-year service warranty

   Ⓐ Ⓑ Ⓒ Ⓓ

42. What happened when the woman opened the box?
   (A) The camera was broken.
   (B) There was no strap or case.
   (C) It had the wrong strap.
   (D) It had no warranty.

43. What does the woman think of the camera?
   (A) It has a long warranty.
   (B) It has a flaw.
   (C) It works perfectly.
   (D) It was sent to the wrong address.

Go on to the next page. ▶

Questions 44-48 refer to the following minutes and e-mail.

Meeting Minutes

Meeting was called to order by chair, Dennis Draper. All board members were present.

Jack Norberg reported that another firm was using the same name as our prototype project. He moved that the name be changed and all were in favor. He then pointed out that the budget was too small for the new project, and a motion to slightly increase it was approved by all board members except for Janet Wright.

Janet Wright noted that the project does not yet have sufficient market analysis to warrant a budget increase. But Jack presented marketing surveys that suggest the product will do very well in the market. Bernie Walker from the finance department offered suggestions on how to fit it in the budget.

Mary Harris went over the IT department's plan to implement a new network. She asked for the board's approval to proceed. The motion was seconded and passed.

In other business, Nancy Reed asked the board to review three résumés from potential candidates to replace the current sales director who will be leaving next month. The board promised to review them and give their reply by early next week.

Meeting was adjourned at 5:00 p.m.

To: Nancy Reed
From: Carl Teller
Subject: Job candidates

Hi Nancy,

I'm writing to let you know that the entire board has reviewed the résumés you submitted. I must say, however, that we were divided and couldn't settle on one candidate. Half of the board members chose Roberta Evans, while half chose Stan Walker. As there are six of us, we didn't have a tiebreaker. So we leave the decision up to you. Maybe you can get a consensus from the sales staff, since they will be working with the successful candidate.
Please let me know who you choose.

Best Regards,
Carl

模擬テスト

44. In the first document, the word "moved" in paragraph 2, line 2, is closest in meaning to
- (A) left
- (B) proposed
- (C) exercised
- (D) stood

Ⓐ Ⓑ Ⓒ Ⓓ

45. What did Jack Norberg present at the meeting?
- (A) The last meeting's minutes
- (B) The budget for next year
- (C) A name change for the firm
- (D) A name change for a new product

Ⓐ Ⓑ Ⓒ Ⓓ

46. What did Janet Wright think about Jack's proposal?
- (A) She suggested he postpone it.
- (B) She was for it, and a budget increase.
- (C) She was against it, because of insufficient data.
- (D) She suggested he fund it himself.

Ⓐ Ⓑ Ⓒ Ⓓ

47. Why is Carl Teller sending Nancy Reed an e-mail message?
   (A) To tell her the name of a job candidate the board chose
   (B) To tell her that they found a tiebreaker
   (C) To ask her to review a few résumés from job candidates
   (D) To let her know that the vote on a new employee is divided

   Ⓐ Ⓑ Ⓒ Ⓓ

48. What part of the meeting minutes did Carl address in his e-mail message?
   (A) The budget increase
   (B) The other business
   (C) The prototype project
   (D) The IT department's plan

   Ⓐ Ⓑ Ⓒ Ⓓ

This is the end of the test.

COLUMN 頻出単語⑧ 生産・配送

- **research** 名研究
- **development** 名開発
  * research & development (R & D) と対にして使うことも。
- **laboratory** 名研究所；実験室
- **prototype** 名試作品
- **specifications** 名仕様；スペック
- **innovation** 名技術革新
- **technician** 名技術者；技術工
  * engineer は専門技術を取得した専門職のイメージがある。technician は手に技がある技工士のイメージ。
- **plant** 名工場
  * factory も同様の意味。
- **assembly** 名組み立て
- **supplier** 名 (部品などの) 納入業者
- **purchase** 名購入 動購入する
- **procurement** 名調達
  *動詞は procure (調達する)。
- **manufacturing** 名製造
- **output** 名生産高
  * turnout も使える。
- **facility** 名施設；設備
- **machinery** 名機械類
  *機械の総称で不可算名詞。個々の機械は machine。
- **equipment** 名設備；機器
  *不可算名詞。
- **appliance** 名家電製品；電気器具
- **device** 名 (特定の目的を果たす) 機器
- **gadget** 名目新しい小型機器
- **inventory** 名在庫
- **warehouse** 名倉庫
  * storehouse とも言う。
- **subcontract** 名下請け 動下請けに出す
- **shipping** 名配送
- **courier** 名宅配便；クーリエ便

模擬テスト
正解・解説

模擬テストの正解・解説です。問題文・設問文・選択肢の日本語訳も掲載します。単語・表現はできるかぎり多く取り上げました。
答え合わせをしたら、間違った問題を復習し、知らないボキャブラリーを覚えるようにしましょう。

模擬テスト

Questions 1-2 ★

1. 正解：(C)

解説 just before lunch（昼食の直前）に行われるのは、Sales brainstorming session である。brainstorming は group discussion のことで、これを express their sales ideas in a group と言い換えた (C) が正解。

2. 正解：(B)

解説 before the meeting（会議前）のことなので、会議予定表の本欄以外に書かれていると予測する。まず、一番下の注記を見ると、Changes or additions to this agenda can be made up until September 15. Contact Harry Mueller to submit a change.（この予定表への変更や追加は9月15日まで受け付けます。変更がある場合は、ハリー・ミューラーまでご連絡ください）とある。また、タイトルから会議は9月18日に実施される。つまり、3日前（＝9月15日）までなら、予定表への変更と追加（changes or additions）が可能。(B) が正解である。

❗ 欄外に注記があれば、そこをターゲットにする設問がよくある。

COLUMN 頻出単語⑨ 会社

- **firm** 名 会社
  * 他にも、corporation、company、business なども使う。
- **enterprise** 名 事業；企業
- **venture** 名 (冒険的)事業
- **headquarters** 名 本社
  * head office とも言う。
- **subsidiary** 名 子会社
- **branch** 名 支社；支店
- **department** 名 部・課
  * division も同様の意味で使う。
- **management** 名 経営陣；管理
  * 集合名詞として「経営陣」の意味でよく使う。
- **board of directors** 取締役会
- **committee** 名 委員会
- **hierarchy** 名 (組織の)階層

正解・解説

日本語訳

設問 1 ～ 2 は次の予定表に関するものです。

9月18日会議予定表
アルコード株式会社

　設問1 昼食の直前の項目　　　　　　　　　　設問2 会議の3日前にできること

午前 8:00-9:00	受付、コーヒーとパン菓子のサービス
午前 9:00-10:15	参加者による簡単な自己紹介
午前 10:15-11:00	電話販売についてのプレゼンテーション
午前 11:00-11:45	販売に関するブレーンストーミング
午前 11:45- 午後 1:00	昼食休憩。昼食は各テーブルに用意される
午後 1:00-2:15	マーケティング戦略と調査分析のプレゼンテーション
午後 2:15-3:00	マーケティングと調査に関するブレーンストーミング
午後 3:00-4:00	会議の講評とまとめ

この予定表への変更や追加は9月15日まで受け付けます。
変更がある場合は、ハリー・ミューラーまでご連絡ください。

---

1. 予定表によると昼食の直前には何がありますか。
   (A) 参加者が受付をする。
   (B) 参加者が会議の講評をする。
   (C) 参加者がグループになって販売のアイデアを述べる。
   (D) 参加者が全員で調査に答え、結果を討論する。

2. 会議の3日前に何ができますか。
   (A) 評価を提出する
   (B) スケジュールへの変更や追加を行う
   (C) ハリー・ミューラーに連絡して意見をもらう
   (D) マーケティングに関するブレーンストーミングを行う

模擬テスト

ボキャブラリー・チェック

- **agenda** 名予定表
- **sign in** 署名して入る
  *ウェブの会員認証でも使われる。
- **pastry** 名パン菓子
- **attendee** 名出席者
- **brief** 形短い
- **self-introduction** 名自己紹介
- **sales calls** 売り込みの電話・訪問
- **brainstorming session**
  ブレーンストーミング；意見交換会議
- **strategy** 名戦略
- **survey analysis** 調査分析
- **evaluation** 名評価
- **wrap-up** 名締めくくり
- **addition** 名追加（事項）
- **submit** 動提出する
- **get feedback** コメントを得る

COLUMN 頻出単語⑩ 会議・プレゼン

- **agenda** 名（会議の）議事予定；(仕事の）予定表
- **minutes** 名議事録
  * take the minutes で「議事録をとる」。
- **presentation** 名プレゼン；発表
- **handout** 名配付資料
- **proposal** 名提案（書）
- **move** 名提議 動提議する
- **the bottom line** 最重要点
- **reach a conclusion** 結論に達する
- **objection** 名反対意見
- **concede** 動譲歩する
- **compromise** 動妥協する 名妥協
- **persuade** 動説得する
- **objective** 名目標
- **chair** 動司会をする
- **convene** 動開会する
- **adjourn** 動閉会する
- **conference** 名会議；競技
- **convention** 名集会；大会
- **summary** 名要約

正解・解説

Questions 3-4 ★

3. 正解：(D)

解説 冒頭で、「週末だけのセール」とうたっていて、全品 (entire inventory) が50パーセントのオフとなっている。さらに、本文第2文には、Customers who shop on Sunday can get an additional 10% off all women's and men's fashions. とあり、「顧客は日曜日に買い物をすれば、男女用の衣料品がさらに10パーセント割引になる」ことが分かる。new graduates (新卒者) については、so we're offering new grads further discounts on all items in the store the entire weekend. とあるが、具体的なディスカウント率は示されていない。しかし、新卒者については、最低でも60パーセント超のディスカウントであることが分かる。(D) が正解となる。

4. 正解：(C)

解説 Anyone who purchases items this weekend can get free parking and a free coffee from our snack bar if they show their receipt. の部分に注目。買い物をした人はレシートを見せれば、「駐車場の利用とコーヒー1杯が無料」になることが分かる。(C) が正解である。

COLUMN 頻出単語⑪ 人事

- **personnel** 名人事；人事部
- **human resources** 人材；人事部
- **promotion** 名昇格
- **raise** 名昇給
- **lay off** (一時)解雇する
- **dismiss** 動解雇する
  * fire もよく使う。
- **resign** 動辞任する
  * resignation (辞任)
- **retire** 動退職する
- **replacement** 名後任者
- **labor union** 労働組合

模擬テスト

日本語訳
設問 3 ～ 4 は次の広告に関するものです。

> フィッシュマンズで今週末限り！　**全商品が50パーセント・オフ！**
>
> それだけではありません。日曜日にお買い物をされたお客様には、男女用の衣料品がさらに10パーセント割引となります。卒業シーズンが間近に迫り、新卒業生には週末中、店の全商品をさらにディスカウントいたします。この週末に買い物をされたお客様は、レシートをご提示いただければ、駐車場を無料でお使いいただけるほか、スナックバーのコーヒーが無料となります。お客様のご愛顧ナンバーワンのデパート、フィッシュマンズだけの今週末のこのセールをぜひともお見逃しなく。
>
> *セール価格は、すでにセール品となっている季節商品には適用されません。*

設問3: 新卒業生が日曜日に買い物をすると
設問4: 買い物をした客が受けるものは？

3. 新卒業生が日曜日に買い物をするとどのようなサービスを受けられますか。
   - (A) 店の全商品が10パーセント割引
   - (B) 女性用衣料品全品が50パーセント割引
   - (C) 男性用衣料品全品が60パーセント割引
   - (D) 店の全商品が60パーセント以上の割引

4. 何かを買った客が受けるものは何ですか。
   - (A) コーヒーと駐車料金の10パーセント割引
   - (B) 喫茶店のすべてのメニューの60パーセント割引
   - (C) コーヒーと駐車料金が無料
   - (D) 店の無料商品の引換券

正解・解説

ボキャブラリー・チェック

- **entire** 形全部の
- **inventory** 名在庫（品）
- **shop** 動買い物をする
- **additional** 形追加の
- **new grads** 新卒業生
- **purchase** 動購入する
- **snack bar** 軽食堂
- **receipt** 名レシート；領収証
- **miss** 動見逃す
- **apply to** ～に適用される
- **seasonal items** 季節商品
- **previously** 副前から；前もって
- **coupon** 名クーポン；引換券

COLUMN 頻出単語⑫ マーケティング

- **sales promotion** 販売促進
  * promotionは人事の「昇格」という意味もある。
- **sales campaign** 販促活動；販促キャンペーン
- **recognition** 名認知
- **trade show** 見本市；展示会
- **exhibition** 名展示（品）
- **survey** 名調査 動調査する
- **questionnaire** 名アンケート
- **brochure** 名パンフレット；冊子
- **competitor** 名競合相手
  *動詞compete（競争する）、形容詞competitive（競争力のある）も重要語。

模擬テスト

Questions 5-7 ★★

5. 正解：(B)

解説 冒頭で、This notice is to inform you that we have not yet received your apartment rental payment for June.（この通知は、貴殿の6月分のアパート賃借料が未払いであることをお知らせするものです）と明示している。(B)の「賃借人に滞納金を知らせること」が正しい。

6. 正解：(B)

解説 第2文に Please be reminded that the amount of $1,200 must be paid in full by next week. とあり、「滞納家賃1200ドルの全額を来週中に支払う」よう求めている。(B)が正解である。1200ドルの partial payment（一部の支払い）ではないので、(A)は不適。

7. 正解：(B)

解説 家賃不払いの場合の処理は2段階である。第1段階：If we do not receive payment by then, we will be forced to report your delinquent account to a collection agency.（滞納金を集金代行業者に報告する）、第2段階：If you fail to pay the funds to the collection agency, we will be forced to evict you.（立ち退きを求める）。設問は来週の段階の未払いについて聞いているので、第1段階、すなわち(B)が正解である。

正解・解説

日本語訳

設問 5 ～ 7 は次の通知に関するものです。

ティナ・マリー・ジョーンズ
エルクグローブ通り287番地
レッドウッド、カリフォルニア州

[設問5 通知の目的]

ジョーンズ様

[設問6 クリスが望むこと]

　この通知は、貴殿の6月分のアパート賃借料が未払いであることをお知らせするものです。来週までに1200ドル全額をお支払いいただくようお願いいたします。それまでにお支払いいただけない場合には、貴殿の滞納金を集金代行業者に報告せざるをえません。すぐにご送金いただき、当方がそのような手段に訴えずに済むことを希望いたします。集金代行業者へのお支払いがない場合には、立ち退きをお願いすることになります。この件以外に当方への未払い金はありませんので、即刻にこの問題への対応をお願いします。お支払いに関する問題やご質問がありましたら、すぐにご連絡ください。

[設問7 来週まで支払わないと]

よろしくお願いいたします。
クリス・ポルソン
DFG レンタル・エージェンシー

---

5. この通知の目的は何ですか。
　(A) 賃借人を集金代行業者に報告すること
　(B) 賃借人に滞納金を知らせること
　(C) 賃借料を支払っていない賃借人を立ち退かせること
　(D) 賃借人に賃借料値上げについて知らせること

6. クリス・ポルソンは何を望んでいますか。
　(A) 来週までに1200ドルの一部を支払うこと
　(B) 来週までに1200ドルを支払うこと
　(C) 来週までにジョーンズさんと会うこと
　(D) 来週までにジョーンズさんに支払うこと

模擬テスト

7. ジョーンズさんが来週までに支払わない場合、どのようなことが起きますか。
(A) 彼女は立ち退かされる。
(B) 彼女の口座が集金代行業者に移管される。
(C) 彼女は訴えられる。
(D) 彼女は借りている金額の2倍を支払わなければならなくなる。

ボキャブラリー・チェック

- **inform** 動 知らせる
- **apartment rental payment** アパートの賃借料
- **be reminded that** 〜に留意する
- **amount** 名 金額
- **be forced to** 〜せざるをえない
- **delinquent** 形 延滞の
- **collection agency** 集金代行業者
- **remit** 動 送金する
- **resort to** 〜に訴える
- **funds** 名 資金；お金
- **evict** 動 立ち退かせる
- **debt** 名 借入金
- **besides** 前 〜を除いて
- **matter** 名 案件
- **right away** すぐに
- **tenant** 名 賃借人
- **court** 名 裁判所
- **owe** 動 〜を支払う義務がある

正解・解説

Questions 8-11 ★★

8. 正解：(D)

解説 メールの冒頭では、「私は当社の多くの社員が会社を辞め、他社へ移っていることに懸念を感じています」としているが、この後で、社員の退職を解決する手段として、I think we should rethink our policy; especially when it comes to year-end bonuses. →「年末ボーナスの方針を再考する」ことを提案している。続く第2パラグラフはボーナスの支給法の具体案である。したがって、(C) よりも具体的な (D) が適切である。

9. 正解：(B)

解説 第1パラグラフ第2文に When I looked into the reasons for this, I realized that we offer less incentives to them than other firms do. とある。「他社がしているほど incentives を提供していない」ということが分かる。incentives は「金銭的な奨励策」の意で、ここでは bonuses の言い換えで使われている。(B) はこれを benefits と言い換えているが、「他の会社に比べて少ない報酬を社員へ支払っている」の意で、これが正しい。

10. 正解：(C)

解説 デイブの提案の中身は第2パラグラフに書かれている。第2文より「ボーナスの支給時期を休暇シーズンの後から前に繰り上げること」、第3文より「最低15パーセントのアップ」。この2つを組み込んだ (C) が正解である。

11. 正解：(D)

解説 最後に Let's schedule a meeting for this week to discuss my proposal. とあり、「今週、会議をする」ことを持ちかけている。だれと会議をするかは、MEMO の受信者欄を参照。Management とは「経営陣」の意の集合名詞であり、managers と同意。(D) が正解。

模擬テスト

日本語訳

設問 8 〜 11 は次の回覧に関するものです。

回覧

宛先：経営幹部各位
差出人：デイブ・パーカー
日付：1月5日
件名：社員への年次賞与

私は、当社の多くの社員が会社を辞め、他社へ移っていることに懸念を感じています。こうした事態の理由を考えてみて、当社が他社に比べて報奨が少ないことにあると気づきました。わが社の方針、特に年末の賞与について、再考が必要だと考えています。 ← 設問8 回覧の目的

↑ 設問9 会社がしていること

現在、当社では休暇シーズンの前ではなく後に賞与を支給しています。この日程を前に動かして、社員が余分なお金でもっと買い物をできるようにすればどうでしょうか。また、各人が受け取る賞与額を最低15パーセント引き上げることを提案します。 ← 設問10 デイブが会社にしてほしいこと

今週中に私の提案を検討する会議を設定しましょう。 ← 設問11 今週、デイブがすること

---

8. この回覧の目的は何ですか。
   (A) 経営陣に辞職を知らせること
   (B) 経営の新しい役職に応募すること
   (C) 経営陣に問題を警告すること
   (D) 社員の退職に歯止めをかける方法を提案すること

9. 回覧によると、この会社はどのようなことをしていますか。
   (A) 社員に仕事の報奨をさらに多く与えている
   (B) 他の会社より少ない報酬を社員に支払っている
   (C) 社員数の消滅を行っている
   (D) 社員の給与を15パーセント削減している

正解・解説

10. デイブは会社に何をしてほしいですか。
  (A) 収入の15パーセントを残すために社員数をさらに減らす
  (B) 社員数を15パーセント増やす
  (C) 増額した賞与を休暇前に社員に支給する
  (D) 増額した賞与を休暇後に社員に支給する

11. 今週、デイブは何をするでしょうか。
  (A) 彼の提案への承認を得る
  (B) 会議で社員の採用を増やす提案をする
  (C) 彼の上司に昇給を求める
  (D) 経営陣と会って、彼が考えた問題の解決策を話し合う

ボキャブラリー・チェック

- **management** 名経営(陣)
- **annual** 形年次の
- **be concerned about** 〜を心配する
- **resign** 動辞職する
- **take positions elsewhere** 他社に就職する
- **incentive** 名報奨(金);インセンティブ
- **rethink** 動再考する
- **when it comes to** 〜の話になると;〜については
- **at the moment** 今のところ
- **extra** 形余分の
- **alert** 動警告する
- **keep 〜 from ...ing** 〜が...するのを防ぐ
- **quit** 動やめる
- **downsize** 動縮小する
- **revenue** 名収入;売り上げ
- **raise** 名昇給
- **supervisor** 名上司
- **solution** 名解決策

模擬テスト

Questions 12-14　★★

12. 正解：(C)

解説 メール冒頭を見る。I am writing to recommend Mr. Manuel Garcia for the position that you are offering within your organization. とある。ここから、メールの目的は「マヌエル・ガルシアを御社が提供するポジションに推薦するため」だと理解できる。Subject 欄にも、Reference（推薦状）と明記されている。(C) が正解である。

13. 正解：(D)

解説 ガルシアさんは、仕事を辞めて州北部に引っ越すわけだから (A) は正しい。バンクスさんは「ガルシアさんは5年間勤務した」と書いているので (B) も正しい。第1パラグラフで、バンクスさんはガルシアさんを during that time he showed great skill in getting any task done quickly and efficiently. と評している。「仕事を素早く効率的にする人」であるから (C) も正しい。第2パラグラフには、His coworkers and clients alike raved about his cordialness and hard work. とあるが、rave は「ほめる」という意味で、(D) の「彼の顧客はよく彼と外出した」かどうかは不明。したがって、(D) を選択する。

14. 正解：(A)

解説 第1パラグラフの He was an asset to our firm（彼はわが社にとって大切な財産でした）、第2パラグラフの His coworkers and clients alike raved about his cordialness and hard work.（彼の同僚やお客様は、ガルシアさんの礼儀正しさと勤勉さをとても高く評価していました）などから、ガルシアさんは前の会社で評価されていたことは明らか。(A) が正解である。(B) の took his time は「マイペースでゆっくりした」の意で、「仕事が素早く効率的」とする本文の記述と矛盾する。a real team player からあわてて (C) を選ばないこと。

正解・解説

日本語訳

設問 12 〜 14 は次のメールに関するものです。

受信者：人事部長 <hrmanager@oldstein.com>
送信者：ハロルド・バンクス <banks@grcn.com>
件名：マヌエル・ガルシアさんの推薦状　　← 設問12 メールを書いた理由

マヌエル・ガルシアさんを御社が募集されている職に推薦するために書いています。ガルシアさんは私どもの会社で5年にわたりアシスタント・マネジャーとして勤務しましたが、優れた能力を駆使して、あらゆる仕事を迅速かつ効率的にこなしました。彼はわが社にとって大切な財産でしたので、仕事をやめて州北部に引っ越すと知らされたときには、言うまでもなく、たいへん残念に思いました。

設問14 ガルシアさんについて言えること

ガルシアさんはコミュニケーション能力に優れ、協調性に富んでいます。彼の同僚やお客様は、ガルシアさんの礼儀正しさと勤勉さをとても高く評価していました。ガルシアさんは当社のときと同様、御社でも重要な戦力となることでしょう。

設問13 Not-question → ガルシアさんについて述べられていないことは？

よろしくお願い申し上げます。
ハロルド・バンクス

---

12. バンクスさんはなぜこのメールを書いたのですか。
 (A) ガルシアさんについて問い合わせるため
 (B) ガルシアさんの昇進を推薦するため
 (C) ガルシアさんを推薦するため
 (D) ガルシアさんが就いていた職に応募するため

13. ガルシアさんについて述べられていないのは何ですか。
 (A) 彼は他の地域に引っ越した。
 (B) 彼はバンクスさんの会社で5年間勤めた。
 (C) 彼はどのような仕事も効率的にこなせた。
 (D) 彼の顧客はよく彼と外出した。

模擬テスト

14. ガルシアさんについてどのようなことが言えますか。
  (A) 彼は前の会社ではとても好かれていた。
  (B) 彼は仕事をするときには時間をかけた。
  (C) 彼はよく同僚とスポーツを楽しんだ。
  (D) 彼は満足していなかったので、前の会社を辞めた。

ボキャブラリー・チェック

- **reference** 名推薦(状)
- **position** 名職位；ポスト
- **organization** 名会社；団体
- **be under one's employ** ～の下で働いている
- **skill** 名技能
- **task** 名職務
- **efficiently** 副効率的に
- **asset** 名資産
- **firm** 名会社
- **needless to say** 言うまでもなく
- **be saddened by** ～で悲しい[残念だ]
- **upstate** 副州北部に
- **outstanding** 形きわめて優れた
- **coworker** 名同僚
- **rave about** ～をほめる
- **cordialness** 名誠意
- **inquire about** ～について問い合わせる
- **promotion** 名昇格
- **apply for** ～に応募する
- **took ~ out** ～を外に連れ出す
- **imply** 動示唆する
- **well-liked** 形好かれて
- **former** 形前の

正解・解説

Questions 15-17　★★★

15. 正解：(A)

解説 第1文に The financial outlook on the machinery sector とあり、この記事のテーマが「機械業界の業績見通し」ではないかと予測がつく。本文を読んでいくと、「重機 (heavy machinery) の受注状況」、「溶接機械 (welding equipment)、ロボット (robotics)、重機 (heavy machinery) の世界最大級の製造業者や輸出業者の動向」、「機械業界の雇用情勢」と話は続く。これらをまとめた (A) の「機械産業の今後の状況」が最適である。

16. 正解：(C)

解説 Employment in machinery sector jobs, however, have taken a downturn and are expecting to increase only slightly, but only in the tech machinery sector. の後半に (A) が、前半に (D) がそれぞれ対応する。(B) は、最後の Traditional machinery-related positions will most likely continue to decline. と一致。(C) の jobs in factories (工場での雇用) については、記述がないので、これを選ぶ。

17. 正解：(A)

解説 投資家については、本文の後半に investor sentiments in the industry are on the upswing. という記述がある。on the upswing は「上向きで」の意。この単語を知らなくても、up (上に) + swing (振れ) から推測ができるだろう。これを optimistic と言い換えた (A) が正解である。

模擬テスト

日本語訳
設問 15 ～ 17 は次の記事に関するものです。

設問15 記事の主題

ワシントン発——機械産業の業績見通しは、経済が長い収縮期を経て上向きになるという予測どおり、明るいものになっている。重機は2年にわたり受注が減少したが、今年は受注数が上向き、来年も継続するものと見られる。製造業者の多くは、0.5パーセントの減少が続いた最近の数四半期の後に、10～40パーセントの増加を見込んでいる。溶接機械、ロボット、重機の世界最大級の製造業者や輸出業者はいずれも増益を予測し、同業界の投資家のマインドも上向きだ。しかし、機械産業の雇用は減少が続いており、ハイテク機械の分野で若干の増加が見込めるだけだ。旧来の機械関連の雇用数は減少し続けると見られる。

設問17 投資家について言えること

設問16 Not-question → 機械産業について述べられていないことは？

15. この記事の主な話題は何ですか。
    (A) 機械産業の今後の状況
    (B) 不況による雇用数の減少
    (C) 機械関連の雇用数が増加していること
    (D) 機械産業の0.5パーセントの落ち込み

16. 機械産業について述べられていないことは何ですか。
    (A) ハイテク機械産業の雇用数は若干増加するだろう。
    (B) 旧来の機械産業の雇用数は減少するだろう。
    (C) 工場の雇用数は下向きになるだろう。
    (D) この業界の雇用数は減少している。

17. 投資家についてどんなことが言えますか。
    (A) この業界について楽天的だ。
    (B) この業界について悲観的だ。
    (C) この業界が大きく変動すると考えている。
    (D) この業界は浮き沈みが激しくなると考えている。

正解・解説

ボキャブラリー・チェック

- **financial outlook** 業績見通し
- **machinery sector** 機械業界
- **predict** 動 予測する
- **improve** 動 上向く；改善する
- **contraction** 名 収縮
- **heavy machinery** 重機
- **manufacturer** 名 製造業者；メーカー
- **gains** 名 利益
- **quarter** 名 四半期
- **decline** 名 下落；落ち込み
- **exporter** 名 輸出業者
- **welding equipment** 溶接機械
- **sentiments** 名 気持ち；所感
- **on the upswing** 上向きで
- **take a downturn** 下降線をたどる
- **slightly** 副 わずかに
- **position** 名 職；ポスト
- **state** 名 状態
- **optimistic** 形 楽観的な
- **pessimistic** 形 悲観的な
- **swings** 名 変動

模擬テスト

Questions 18-21 ★★

18. 正解：(B)

解説 第2文に the work or the materials used in the remodeling of their homes と業務内容が記述されている。remodeling は「改装」であり、「建築工事」とする (B) が一番近い。

⚠️ 問題文中の記述から、テーマを推測させる問題。キーワードから類推する。

19. 正解：(D)

解説 保証による作業については、Under this warranty, customers can get the work done within two weeks of reporting the problem. と書かれている。「問題の報告から2週間以内」なので、「問題の報告から14日間」とする (D) が正解である。

20. 正解：(D)

解説 保証書の半ばにある We will not be held liable for damage or problems incurred by the customer. This includes damage caused by fire, misuse, flooding or abuse. に注目。ここから、顧客が責任を負う (incurred) 損害の原因は「火事」「誤用」「洪水」「不正使用」である。(D) の neglect（放置）だけが記述がないので、これが正解となる。

21. 正解：(A)

解説 certain parts（個別の部材）については、保証書の後半に Certain parts used in the remodeling may be under warranty by their manufacturers. と書かれている。by their manufacturers の their は parts を受ける。つまり、「部材の製造業者」が保証するということである。(A) が正解である。

正解・解説

日本語訳

設問 18 〜 21 は次の保証書に関するものです。

> テラー・アンド・サンズは作業を行った日から2年間、その業務内容を保証いたします。当社の作業またはご自宅の改装に使用した資材に問題が生じたお客様には、追加料金なしでの取り替えおよび修理が保証されています。この保証書によって、お客様は問題の報告から2週間以内に、作業を受けることができます。この期間は資材の注文にかかるものですのでご容赦ください。当社は、お客様の責となる損傷や問題の責任は負いません。これには火災、誤用、洪水、不正使用による損傷が含まれます。改装に使用された特定の部材は、各製造者によって保証される場合があります。問題が欠陥部材によるものとみなされる場合、その製造者の保証に従って交換部材を入手するのは、お客様の責任となります。

設問18 何の保証書か？
設問19 いつ作業をしてもらえるか
設問21 特定の部材について
設問20 顧客が責任を負うもの

18. この保証書は何のためのものと思われますか。
    (A) 家電製品
    (B) 建築工事
    (C) 特定の機械部品
    (D) 家事サービス

19. この保証書によって顧客はいつ作業をしてもらえますか。
    (A) 問題を報告した後すぐに
    (B) 部品が発注され次第
    (C) 問題が報告されてから2日以内
    (D) 問題が報告されてから14日以内

20. 顧客が責任を負うものとして挙げられていないものは何ですか。
    (A) 洪水による損傷
    (B) 火事による損傷
    (C) 不正使用
    (D) 放置

模擬テスト

21. 特定の部材について何が言えますか。
 (A) 各メーカーが保証している。
 (B) テラー・アンド・サンズが保証している。
 (C) いかなる保証もされていない。
 (D) 欠陥品であることが多い。

ボキャブラリー・チェック

- **warranty** 名保証(書)
- **warrant** 動保証する
- **material** 名材料
- **remodeling** 名改装
- **guarantee** 動保証する
- **replacement** 名交換
- **repair** 名修理
- **at no extra cost** 追加料金なしで
- **be held liable for** 〜に責任がある
- **damage** 名損害
- **incur** 動被る；責任を負う
- **misuse** 名誤用
- **flooding** 名洪水
- **abuse** 名不正使用
- **deem** 動〜とみなす
- **faulty** 形欠陥のある
- **responsibility** 名責任
- **based on** 〜に基づいて
- **appliance** 名家電製品
- **construction** 名建築
- **housekeeping** 名家事
- **improper** 形不適切な
- **neglect** 名放置；注意を払わないこと

正解・解説

Questions 22-24 ★★

22. 正解：(C)

解説 最初にすることなので、First, charge the device's battery with the adapter. に注目。「アダプターを使って機器に充電する」ことである。したがって、(C) が正解となる。

23. 正解：(D)

解説 crashes という単語が出てくるのは最後の文の You will need this backup in case your device crashes and you need to restore all its data. である。this backup が受ける前文を見ると、コンピュータにスマートフォンを同期させる (sync) 手順が述べられている。つまり、クラッシュした際には、(同期してある) コンピュータを使って修復するのである。(D) が正解。

24. 正解：(D)

解説 with the enclosed firewire cable とあり、ここの enclosed は「同梱されている」という意味。insert は「挿入する」の意味で、「同梱物を入れる」の意味にも使えるのでこれが最適。enter は「(場所・時代などに) 入る；(試合などに) 出場する」の意で使われ、「同梱する」の意味はない。

模擬テスト

日本語訳
設問 22 ～ 24 は次の使用説明書に関するものです。 ← 設問22 まずすること

> この使用説明書は、お買い上げいただいたスマートフォンの使い方を順を追って説明します。まず、アダプターを使ってスマートフォンのバッテリーを充電します。充電が完了したら、裏側の差込口に SIM カードを挿入します。SIM カードの丸い角が右上になるように差し込みます。上部にある電源スイッチを押し、スマートフォンに電源を入れます。開始メニューにしたがって、新しいスマートフォンの機能のインストールを行います。言語、日時を選択し、メールアカウント情報、WiFi 設定を入力します。セットアップが終わったら、同梱のファイヤーワイヤー・ケーブルでスマートフォンをコンピュータと接続し、スマートフォンのデータをコンピュータと同期させます。スマートフォンがクラッシュして、全データの修復が必要な場合には、このバックアップが必要になります。

↑ 設問23 クラッシュした場合

22. 使用者がしなければならない最初のことは何ですか。
    (A) SIM カードをインストールする
    (B) 機器の電源を入れる
    (C) 機器に充電する
    (D) 機器のバッテリーを交換する

23. 機器がクラッシュした場合、使用者は何ができますか。
    (A) 返金を受ける
    (B) SIM カードを交換する
    (C) 製造元に電話する
    (D) コンピュータによりデータを修復する

24. 下から第3行目にある "enclosed" に意味が最も近いのは
    (A) 交換された
    (B) 入った
    (C) 閉まった
    (D) 挿入された

正解・解説

ボキャブラリー・チェック

- **step-by-step instructions** 順を追った指示
- **smartphone** 名スマートフォン
  * PCに近い機能を備えた多機能携帯電話。iPhoneやアンドロイド携帯、ブラックベリーなど。
- **charge** 動充電する
- **device** 名機器
- **adapter** 名アダプター
- **insert** 動挿入する
- **SIM card** SIMカード
  *電話番号を特定するための固有のID番号が記録された着脱可能なICカード。
- **rounded** 形丸くなった
- **upper** 形上部の
- **turn on** 〜のスイッチを入れる
- **installation** 名インストール
- **feature** 名機能
- **WiFi (= wireless fidelity)** ワイ・ファイ *無線LANの標準規格。
- **plug** 動接続する；差し込む
- **enclose** 動同梱する
- **firewire** 名ファイヤーワイヤー
  *外部機器をコンピュータに接続して高速にデータ転送をする技術方式。
- **in case** 〜の場合には
- **crash** 動機能が停止する；クラッシュする
- **restore** 動修復する
- **replace** 動交換する
- **insert** 動挿入する

模擬テスト

Questions 25-28 ★★★

25. 正解：(B)

解説 第1文でまず「警察関係者がインターネット・ユーザーを監視できるように、政府は簡単で迅速な新しい方法を研究している」というニュースを紹介している。以下は、このテーマについての意見の表明。したがって、このブログのテーマとしては、(B) の「インターネット・ユーザーを監視する政府の計画」が最適である。

26. 正解：(D)

解説 第2パラグラフの I also believe that this new government plan is violating our civil liberties and has the potential to be abused by law enforcement.、および第4パラグラフの I think that it's a good thing, but the privacy of ordinary citizens is at stake. から、書き手は「政府は市民の権利を侵害して」おり、「市民のプライバシーが危険にさらされている」と考えている。(D) が最適。

27. 正解：(A)

解説 第3パラグラフの Government officials argue, however, that they have already been using spying techniques over the Internet in order to capture criminals, but that the technology used for it is too slow. から分かるように、政府は「現行の技術は速度が遅い」と主張している。これが新しい技術の導入を図る理由である。政府の不満としては (A) が正しい。

28. 正解：(B)

解説 (the government) should が使われている文を探すと、最後に So I believe that they should only be allowed to spy on known criminals. とある。この they は文脈から law enforcement officials（ここでは the government と立場は同じ）を受ける。ブロガーの意見は「警察は明らかに犯罪者とみなされる人物の監視のみを許されるべきだと思う」というもの。(B) の「全市民ではなく犯罪者だけを対象とする」が正解である。

正解・解説

日本語訳

設問 25 〜 28 は次のブログに関するものです。

テクノロジーの今
6月9日   　　　　　　　　　　　　　　　　　　　　設問25 ブログの主題

今日こんなニュースを読んだ。警察関係者がインターネット・ユーザーを監視できるように、政府は簡単で迅速な新しい方法を研究しているというものだ。政府の当局者は、インターネットのサービスプロバイダーが協力し、この新技術を組み入れることを望んでいる。昨今、犯罪者の多くが電話よりインターネットを使用して犯罪計画を立てると、当局者は考えているからだ。

多くの人権擁護団体が、プライバシーに関する人間の基本的権利を侵害するとして、この新技術に反対している。私も政府のこの新しい計画は、市民の自由を侵害するものであり、警察権力によって乱用される可能性があると考えている。

設問27 政府の不満　　　　　　設問26 ニュースについての意見

しかし、政府当局者は、犯罪者逮捕のためにインターネットを監視する技術はすでに使用されているが、現在のものではスピードが遅すぎると反論している。今回の新技術はスピードが速く効率的であり、警察は数多くの重大犯罪を防止し、検挙数を増やすことができるという主張だ。

確かにそれはいいことだが、一般市民のプライバシーが危うくなる。だから私は、警察は明らかに犯罪者とみなされる人物の監視のみを許されるべきだと思う。

設問28 政府はどうすべきか

模擬テスト

25. このブログ記事は主に何についてのものですか。
(A) 人権擁護団体の抗議
(B) インターネット・ユーザーを監視する政府の計画
(C) 新しいインターネットの技術
(D) 逮捕のための警察の技術

26. このニュースに関する書き手の意見はどのようなものですか。
(A) そのアイデアは以前から考えられていたと思っている。
(B) 納税者にとって費用がかかりすぎると思っている。
(C) 人権擁護に役立つと思っている。
(D) プライバシーの侵害だと思っている。

27. 政府の主な不満は何ですか。
(A) 現在のテクノロジーは迅速性に欠ける。
(B) 今は全犯罪者を監視できない。
(C) 人権擁護団体が監視行為に反対している。
(D) このブロガーは計画に賛成していない。

28. ブロガーは、政府がどうすべきだと思っていますか。
(A) 犯罪を抑止する優れた技術を探す
(B) 全市民ではなく犯罪者だけを対象とする
(C) インターネットの監視行為を防止する法律を作る
(D) 人権擁護を推進する団体をもっと作る

正解・解説

ボキャブラリー・チェック

- **look into** 〜を研究する；〜を調べる
- **law enforcement officials** 警察関係者
- **spy on** 〜を監視する
- **cooperate** 動協力する
- **incorporate** 動組み込む
- **criminal** 名犯罪者
- **crime** 名犯罪
- **human rights group** 人権擁護団体
- **protest** 動抗議する
- **infringe on** 〜を侵害する
- **violate** 動侵害する；違反する
- **civil liberties** 市民の自由
- **potential** 形潜在的な；可能性のある
- **abuse** 動乱用する
- **argue** 動反論する
- **capture** 動逮捕する
- **efficient** 形効率的な
- **arrest** 名逮捕
- **ordinary** 形普通の
- **taxpayer** 名納税者
- **promote** 動促進する
- **invasion of privacy** プライバシーの侵害
- **approve of** 〜に賛同する
- **prevent** 動防止する

模擬テスト

Questions 29-33 ★

29. 正解：(B)

解説 「メールの目的」を聞いているので、メールの冒頭を見る。第1文で「今週末にネットにアップする予定の新しいウェブ広告案を送る」ことを伝え、第3文で I'd like you to look over the copy and make changes if necessary, (コピーに目を通して、もし必要なら直しを入れてください) と用件を述べている。copy は「広告の文」なので、(B) の「新しい広告の文章を送るため」が正解。

30. 正解：(D)

解説 前問で引いた、第3文の I'd like you to look over the copy and make changes if necessary, という部分が、リサがテリーにしてほしいことである。look over the copy and make changes if necessary を Check the words in the ad と言い換えた (D) が正解。(A) のように、広告を完全に変更するよう頼んでいるわけではない。

31. 正解：(C)

解説 設問の keep in mind という表現は、メール後半の We are targeting sites and blogs that attract young viewers, so please keep that in mind when you're looking it over. という文に使われている。that は前の節を指すと考えられるので、「留意すること」は「われわれが若いネットユーザーに人気のあるサイトやブログをターゲットにしている」ことである。「広告を見る人たち」とする (C) が最適。

32. 正解：(D)

解説 target はカタカナのターゲット＝目標からも類推できるが、動詞で使うと、「〜を標的にする；〜を対象にする」という意味。(D) の aim が類語で、文脈にも当てはまるのでこれを選ぶ。なお、target は他動詞だが、aim は aim at の形で自動詞として使うこともできる。

33. 正解：(B)

解説 広告を見る。設問の buy two items という表現は、広告の終わりの方の

正解・解説

buy any two items in our store, and receive one item of a lesser value for free! という文にある。2点購入して無料 (for free) でもらえるのは、one item of a lesser value である。A cheaper item for free と言い換えている (B) が正解。

日本語訳
設問 29 〜 33 は次のメールと広告に関するものです。

受信者：テリー <t.reed@filco.com>
送信者：リサ <l.forsythe@filco.com>
件名：インターネット広告

テリーへ

設問29 メールの目的 設問30 リサがテリーにしてほしいこと

今週末にネットにアップする予定の新しいウェブ広告案を送ります。アート部は全体のイメージをまだ調整中です。コピーに目を通して、もし必要なら直しを入れて、今日の午後5時までに送り返してください。そうすれば、すぐにアート部に持って行き、完成版をもう一度あなたに送って承認をいただこうと思います。若いネットユーザーに人気のあるサイトやブログを対象にしているので、ご確認の際にはそれを念頭にお願いします。
お手数ですが、本日中の戻しということでお待ちします。
よろしくお願いします。

設問31 テリーに留意してもらいたいこと

リサ

夏をさわやかにキメよう！

休暇を目の前にして、フィルコでは夏物衣料品が全品セール中です。今月いっぱい、フィルコではジュニア用衣料品、靴、アクセサリー、水着がディスカウントされます。さらに、当店で2点購入された場合、値段の安い品物が無料になります！
フィルコで、お手軽にさわやかにキメよう！

設問33 品物を2点買った客が受けられるもの

模擬テスト

29. テリー宛てのリサのメールの目的は何ですか。
  (A) 新しい広告の画像を送ること
  (B) 新しい広告の文章を送ること
  (C) 広告の日程について彼に知らせること
  (D) 広告が複製可能であることを彼に知らせること

30. リサはテリーに何をしてほしいですか。
  (A) 広告を全面変更する
  (B) 広告をインターネットに掲載する
  (C) 広告の画像を確認する
  (D) 広告の文章を確認する

31. リサがテリーに留意してもらいたいことは何ですか。
  (A) 広告の費用
  (B) 広告を複写する方法
  (C) 広告を見る人たち
  (D) 広告用のブログ

32. 最初の文書の第1パラグラフ7行目にある"targeting"に最も意味が近いのは
  (A) 送付している
  (B) 売っている
  (C) 作っている
  (D) 狙っている

33. 品物を2点買った客は何を受けることができますか。
  (A) 3品目が無料
  (B) 安いほうの品物が無料
  (C) 高いほうの価格の品物
  (D) 3点の品物に対する割引

正解・解説

ボキャブラリー・チェック

- **be put online** ネットにアップされる
- **entire** 形 全部の
- **look over** ～を検討する
- **ASAP (= as soon as possible)** 今すぐに
- **approval** 名 承認
- **target** 動 対象とする
- **attract** 動 引きつける
- **viewer** 名 見る人
- **keep ～ in mind** ～に留意する
- **feedback** 名 意見；反応
- **cool** 形 涼しい；格好いい　＊ここでは両方をかけている。
- **just in time for** ～が迫っていて
- **find savings** 節約できる
- **item** 名 商品
- **value** 名 価格；価値
- **for free** 無料で
- **afford to** ～する余裕がある
- **aim** 動 狙う

模擬テスト

Questions 34-38　★★

34. 正解：(D)

解説 回覧の冒頭を見る。第1文で、「エアコンの調子が悪い」ことを述べ、第2文で「そのため、今週空調システムの修理を行う予定だ」と伝え、以下にエアコン近くの社員の移動や修理の日程を説明している。回覧のポイントは、「エアコンの修理」なので、(D) を選ぶ。第1文の It has come to our attention（[エアコンの調子が悪いことが] 私たちの注意を引くようになってきた）から、エアコンの不調はすでに社員たちも知っていたと考えられる。(C) は適切とは言えない。

35. 正解：(B)

解説 回覧を見る。「エアコン近くの社員」については、As this may cause some disturbance to those who work near the air conditioning units, we would like to ask those people to move to the employee lounge for the time being. から、「ラウンジに移動する」ことが求められている。(B) が正解。

36. 正解：(D)

解説 回覧を見る。修理の期間は The dates will be from Monday, the 21st to Friday the 25th. と明示されている。21日（月）から25日（金）までなので、5日間。したがって、(D) が正しい。

37. 正解：(C)

解説 メールの冒頭を見る。I had a few questions and concerns about the upcoming air conditioning system repairs.（今回の空調システムの修理について、いくつか質問と心配があります）として、この後、質問や心配を具体的に列挙している。(C) の「いくつか心配を表明するため」が正解。(A)、(B)、(D) はピートが述べていない内容である。

38. 正解：(A)

解説 メールを見る。後半でピートは Do we need to move our desks out of the way and bring all of our documents with us? と書いている。「机と書

正解・解説

類を移動する必要があるか」という質問なので、これに合致するのは (A) である。顧客 (clients) については、終わりの方に but we do have a pressing need first to serve our clients well. という記述があるが、ここの serve our clients well は「顧客にきちんと応対する」という意味で、(D) のように What he can serve to his clients (顧客に提供できるもの) に言及しているわけではない。(D) は不適。

日本語訳

設問 34 ～ 38 は次の回覧とメールに関するものです。

回覧

宛先：全社員
差出人：保守管理部
件名：今回のエアコン修理

[設問35 エアコンの近くの社員がすべきこと]
[設問34 回覧の目的]

この熱波のさなか、エアコンの調子がよくないようです。そのため、今週空調システムの修理を行う予定です。エアコン機器の近くで仕事をしている方にはご迷惑をおかけすることになるので、該当する方々にはしばらくの間、従業員ラウンジに移っていただくようお願いします。日程は、21日月曜日から25日金曜日までを予定しています。ご理解のほどよろしくお願いします。ご不便のないよう努力いたします。ご質問やご心配がありましたら、保守管理部までご連絡ください。

[設問36 作業にかかる期間]

受信者：保守管理部
送信者：ピート・ハリス
件名：エアコンの修理

[設問37 メールを書いた理由]

こんにちは
今回の空調システムの修理について、いくつか質問と心配があります。私はラウンジに移動する組なのですが、普段ラウンジをお客様との打ち合わせに使っています。その目的のための代替の場所は用意されるのでしょうか。それから、

模擬テスト

私の机に何らかの被害が及ぶのではないかと心配しています。邪魔にならないところに机を動かし、書類を全部持って移動しなければならないでしょうか。オフィスがようやく涼しくなることは大歓迎なのですが、第一にお客様に応対するという必要に迫られています。私が挙げた問題点についてご検討いただくようお願いします。
よろしくお願いいたします。　　　　　　設問38 ピートが知りたいこと
ピート

34. この回覧の目的は何ですか。
    (A) 社員に各自が机を動かす必要があると知らせること
    (B) 社員に不便を被ることになると知らせること
    (C) 社員にエアコンが故障中であると知らせること
    (D) 社員に修理が行われる予定であると知らせること

35. エアコン機器の近くで働いている社員は何をすべきですか。
    (A) 各自の書類をすべて移動する
    (B) ラウンジに移動する
    (C) 服にカバーをかける
    (D) 扇風機を買う

36. その作業をするのにどのぐらいかかりますか。
    (A) 5週間
    (B) 1日
    (C) 1週間
    (D) 5日間

37. ピートはなぜメールを書いているのですか。
    (A) エアコンについて不満を述べるため
    (B) 熱のことを保守管理部員に注意するため
    (C) いくつかの心配事を述べるため
    (D) 自分の机を動かす助けを求めるため

正解・解説

38. ピートは何を知りたいと思っていますか。
   (A) 机と書類を動かす必要があるかどうか
   (B) どのくらいの期間、ラウンジを使わなければならないか
   (C) どのような作業が行われるのか
   (D) 何を客に提供できるか

ボキャブラリー・チェック

- **maintenance** 名保守管理(部)
- **upcoming** 形今度の；もうすぐ来る
- **repair** 形修理
- **come to one's attention** 〜の注意を引く　＊主語の It が that 以下を指す。
- **properly** 副適切に
- **in the midst of** 〜のさなかに
- **heat wave** 熱波
- **cause** 動〜を引き起こす
- **disturbance** 名混乱
- **unit** 名機器
- **for the time being** さしあたりは
- **inconvenience** 名不便　動不便をかける
- **concern** 名心配
- **damage** 名損害；被害
- **mess** 名混乱；乱雑
- **out of the way** 邪魔にならないように
- **pressing** 形差し迫った
- **bring up** 提起する；持ち出す
- **address** 動対処する
- **out of order** 故障して
- **conduct** 動実施する
- **fan** 名扇風機

模擬テスト

Questions 39-43 ★★

39. 正解：(B)

解説 カメラ（の機能）についてなので添付書類の方を見る。第2文に Its slim, compact design makes it easy to carry and store, とある。slim, compact を small に、easy to carry を light にそれぞれ言い換えた (B) が正解である。レンズについては、5x zoom lens（5倍のズームレンズ）と fine macro lens（精巧な接写レンズ）という記述があるだけで、(A) のように大きいかどうかは不明。値段や、最新モデルかどうかも記述がないので、(C) や (D) も不適である。

40. 正解：(C)

解説 前問で引いた fine macro lens の記述より (A) は消せる。Its image-stabilizing feature prevents images from becoming blurred when the camera is moved. から、(B) も消去できる。カメラは 5x zoom lens が付いているので、(D) も消去できる。(C) の「内蔵PC」だけが記述がなく、これが正解である。

41. 正解：(D)

解説 warranty（保証）については、添付書類の最後に It also comes with a two-year service warranty, とある。「期間2年のサービス保証」である。(D) が正解。

42. 正解：(B)

解説 女性がしたことを聞いているので、手紙を見る。本文第2文で箱を開けたことが述べられ、第3文が But I looked in the box very thoroughly and couldn't find either. と続く。not either は「どちらもない」という意味で、文脈から、なかったものは前文に示された a strap and a case である。(B) が正解となる。

43. 正解：(B)

解説 カメラについて、女性は手紙の中で、「ぼやけ (blur) を補正する機能」が

正解・解説

付いているにもかかわらず、But when I switched the function on and tried it, all the images came out blurry.として、いったん店で交換してもらった。しかし、the new camera had the same problem with the blurred images.（新しいカメラも画像のぼやけの問題がある）と書いている。ぼやけが直らないことを flaw（欠陥）と表現した (B) が正解。

日本語訳

設問 39 ～ 43 は次の添付書類と手紙に関するものです。

SX400 デジタルカメラ　設問40 Not-question → カメラの特徴でないものは？

設問39 カメラについて言えること

SX400 をお買い上げいただきありがとうございます。スリムでコンパクトなデザインなので、持ち運びや保管が簡単です。鮮明なクローズアップ写真を生み出す5倍ズームレンズと、生き生きとした画像に適した精巧な接写レンズを搭載しています。画像安定機能により、カメラが動いて画像がぼやけることを防ぎます。パソコンに画像をアップロードすることや、撮影した画像のスライドショーをテレビで楽しむことが簡単にできます。2年間のサービス保証と、ストラップ、持ち運び用ケースが付いています。

設問41 カメラの保証

ホルブルック社
ファームランド・レーン388番地
インディアナポリス、インディアナ州

設問42 女性が箱を空けたとき

ご担当者様　設問43 カメラについての女性の考え

　最近、近くのカメラ店で御社の SX400 をセール価格で購入しました。家に戻って、パッケージを開け、中に入っていた添付書類を読むと、カメラにはストラップとケースが付いているとありました。箱の中をよく探してみましたが、どちらも見つけられませんでした。また、添付書類には、カメラが揺れたときに画像がぼやけるのを防ぐ機能が付いていると書いてありました。しかし、その機能のスイッチを入れて試してみたところ、どの画像もみなぼけてしまいました。私はカメラを店に持って行き、取り替えてもらいましたが、新しいカメラも画像のぼやけについては同じ問題が起こります。このモデルの欠陥と思われますの

模擬テスト

で、この問題に早急に対応していただくことを望みます。

よろしくお願いいたします。
パトリシア・ウィルソン

39. カメラについてどのようなことが言えますか。
(A) 大きなレンズが付いている。
(B) 小さくて、軽い。
(C) たいへん高価だ。
(D) 最新のモデルだ。

40. カメラの特徴として挙げられていないのは何ですか。
(A) 精巧な接写レンズが付いている。
(B) 画像がぼやけるのを防ぐ機能が付いている。
(C) 内蔵 PC が付いている。
(D) 強力なズームレンズが付いている。

41. カメラに付いている保証はどのようなものですか。
(A) 1年間のサービス保証
(B) 2年間の交換保証
(C) 1年間のサービスと交換の保証
(D) 2年間のサービス保証

42. 女性が箱を開けたとき、何が起こりましたか。
(A) カメラが壊れていた。
(B) ストラップもケースもなかった。
(C) 違うストラップが入っていた。
(D) 保証書が入っていなかった。

正解・解説

43. 女性はカメラをどのように考えていますか。
  (A) 長い保証期間が付いている。
  (B) 欠陥がある。
  (C) まったく問題なく機能する。
  (D) 違う住所に配送された。

ボキャブラリー・チェック

- **insert** 名添付書類
- **purchase** 動購入する
- **store** 動保管する
- **macro lens** 接写レンズ
- **crisp** 形生き生きした；(食べ物が)カリカリした
- **stabilize** 動安定させる
- **feature** 名機能
- **prevent ~ from ...ing** ~が…するのを防ぐ
- **blurred** 形ぼやけた
- **slide show** スライドショー
- **come with** ~が付いてくる
- **warranty** 名保証(書)
- **thoroughly** 副完全に；すっかり
- **shake** 動揺する
- **come out** ~という結果になる；現れる
- **exchange** 動交換する
- **address** 動対処する
- **issue** 名問題
- **defect** 名欠陥
- **flaw** 名欠陥

模擬テスト

Questions 44-48 ★★★

44. 正解：(B)

解説 move は会議などの場では、propose for discussion and resolution（議論・決定を求めて提案する）の意味で使う。この意味に合うのは (B) である。move には「動かす」「感動させる」の意味もある。

45. 正解：(D)

解説 ジャック・ノーバーグの提案は議事録の第2パラグラフに出ている。1つ目は、He moved that the name be changed から「prototype project（試作品のプロジェクト）の名称変更」、2つ目は He then pointed out that the budget was too small for the new project, and a motion to slightly increase it ... から「プロジェクトの予算の増額」である。(D) が1つ目に合致する。

46. 正解：(C)

解説 ジャネット・ライトの発言については、議事録の第3パラグラフにある。Janet Wright noted that the project does not yet have sufficient market analysis to warrant a budget increase. と、「予算増額を保証する市場分析が十分に行われていない」と主張している。does not yet have sufficient market analysis を insufficient data と言い換え、「データが不十分であるという理由で、予算増額に反対した」とする (C) が正しい。

47. 正解：(D)

解説 メールを見る。冒頭の I'm writing to let you know that the entire board has reviewed the résumés you submitted. から、「役員全員が履歴書を検討したことを知らせる」ことが目的と言えるが、肝心な内容はこの後にある。第2文に I must say, however, that we were divided and couldn't settle on one candidate. とあり、「候補者について意見が割れている」ことが分かる。以降には、この問題の処理策が提案されているので、(D) の「新規採用者を決める票が割れたことを伝えるため」がふさわしい。

正解・解説

48. 正解：(B)

解説 カールはメールで、candidate（候補者）の選定の仕方について相談している。会議議事録でこの案件がテーマになるのは第5パラグラフ。In other businessで始まっているので、(B) を選ぶ。両文書を見る必要がある問題だが、これはさほど難しくない。

日本語訳
設問 44 〜 48 は次の議事録とメールに関するものです。

議事録

議長デニス・ドレイパーが会議の開会を宣言。役員全員が出席。

設問45 ジャックが会議で提案したこと
ジャック・ノーバーグから、他社が当社の試作品プロジェクトと同じ名称を使用しているとの報告。ノーバーグは名称の変更を提案し、全員がこれに賛成した。次いでノーバーグは、この新プロジェクトの予算が過少であることを指摘、若干の増額を提案。ジャネット・ライト以外の役員全員から承認された。

設問46 ジャネットはジャックの提案をどう思ったか
ジャネット・ライトは同プロジェクトについて予算増額に見合うだけの十分な市場分析がまだ行われていないと述べた。これに対してジャックは、新製品が市場で好評を得るであろうことを示唆する市場調査結果を発表した。財務部のバーニー・ウォーカーがこれを予算にどう組み込むかについて意見を述べた。

メアリー・ハリスがIT部による新規ネットワークの実施計画について説明した。役員会に対し続行を承認するよう求めた。提議は支持され可決された。

設問48 カールが対処していること
その他の案件では、ナンシー・リードが、来月辞職する現販売部長の後任候補となっている応募者の履歴書3通を検討するよう取締役会に依頼。取締役会は、検討して来週早々に返答することを約束。

午後5時、閉会。

模擬テスト

受信者：ナンシー・リード
送信者：カール・テラー
件名：役職候補者

設問47 カールがナンシーにメールを送った理由

ナンシーへ

提出してもらった履歴書に全役員が目を通したことをお知らせします。残念ながら、意見が割れてしまい、1人の候補者に絞ることができませんでした。役員の半数はロバータ・エバンズを選び、半数はスタン・ウォーカーを選びました。役員は6名なので、役員会ではどちらに決めることもできませんでした。そこで、決定はあなたに委ねることにします。あなたなら販売部の意見をまとめることができるでしょう。選ばれる候補者と一緒に仕事をするのは彼らなのですから。
誰が選ばれたか教えてください。

よろしくお願いします。
カール

44. 最初の文書の第2パラグラフ2行目にある "moved" に最も意味が近いのは
   (A) 残した
   (B) 提案した
   (C) 運動した
   (D) 立った

45. ジャック・ノーバーグが会議で提案したのは何ですか。
   (A) 前回会議の議事録
   (B) 来年度の予算
   (C) 会社の名称変更
   (D) 新製品の名称変更

正解・解説

46. ジャネット・ライトはジャックの提案をどう思いましたか。
(A) 彼がそれを延期するべきだと示唆した。
(B) 提案と予算の増額に賛成した。
(C) データが不十分だとして提案に反対した。
(D) 彼が自分で資金を出すべきだと示唆した。

47. なぜカール・テラーはナンシー・リードにメールを送っているのですか。
(A) 取締役会が選んだ役職候補者の名前を告げるため
(B) 決定する方法を見つけたと告げるため
(C) 役職候補者の数通の履歴書を検討してほしいと頼むため
(D) 新規採用者を決める票が割れたことを伝えるため

48. カールはメールの中で会議議事録のどの部分に対処していますか。
(A) 予算の増加
(B) その他の案件
(C) 試作品のプロジェクト
(D) IT 部門の計画

ボキャブラリー・チェック

- **(the) minutes** 名議事録
- **call to order** (会議などの) 開会を宣言する
- **chair** 名司会者;議長
- **prototype** 名試作品
- **in favor** 賛同して
- **point out** 〜を指摘する
- **slightly** 副わずかに
- **except for** 〜を除いて
- **note** 動指摘する
- **sufficient** 形十分な
- **analysis** 名分析
- **warrant** 動保証する
- **survey** 名調査
- **finance department** 財務部
- **implement** 動実行する
- **proceed** 動進行する;進む
- **second** 動賛成する;支持する
- **pass** 動可決させる
- **potential** 形潜在的な;可能性のある
- **current** 形現在の
- **adjourn** 動閉会する
- **settle** 動解決する
- **tiebreaker** 名互角の競争を決めるもの [ゲーム]
- **leave 〜 up to ...** 〜を…に委ねる
- **consensus** 名意見の一致
- **postpone** 動延期する

●著者紹介

成重　寿（Hisashi Narishige）
三重県出身。英語教育出版社、海外勤務の経験を生かして、TOEICを中心に幅広く執筆・編集活動を行っている。著書は『TOEIC TEST 英単語スピードマスター』、『TOEIC TEST 英単語スピードマスター問題集』、『新 TOEIC TEST 総合スピードマスター 入門編』、『新 TOEIC TEST リーディング　スピードマスター』、『新 TOEIC TEST リーディング問題集』、『TOEIC TEST ビジネス英単語 Lite』、『TOEIC TEST 英熟語スピードマスター』（以上、Jリサーチ出版）など。

Vicki Glass（ビッキー・グラス）
アメリカ・カリフォルニア州バークレー出身。ライター・編集者・ナレーターとして多彩に活動している。東進ハイスクールのチーフ・イングリッシュエディターを務めるほか、CD、DVD、ラジオ・テレビ番組のナレーションを行う。NHKラジオ番組「英語5分間トレーニング」の共同司会者。著書に『新 TOEIC TEST リスニング問題集』、『新 TOEIC TEST 総合スピードマスター 入門編』、『新 TOEIC TEST 総合スピードマスター完全模試』、『TOEIC TEST 英熟語スピードマスター』、『TOEIC TEST 英単語スピードマスター問題集』（以上、Jリサーチ出版）など。

カバーデザイン	滝デザイン事務所
本文デザイン／DTP	江口うり子（アレピエ）
翻訳・校正協力	深瀬正子
CD録音・編集	（財）英語教育協議会（ELEC）
CD制作	高速録音株式会社

TOEIC® TEST PART 7　1日5分集中レッスン

平成23年（2011年）3月10日　初版第1刷発行

著　者	成重寿／Vicki Glass
発行人	福田富与
発行所	有限会社　Jリサーチ出版
	〒166-0002　東京都杉並区高円寺北2-29-14-705
	電話 03(6808)8801（代）FAX 03(5364)5310
	編集部 03(6808)8806
	http://www.jresearch.co.jp
印刷所	㈱シナノ・パブリッシング・プレス

ISBN978-4-86392-052-1　禁無断転載。なお、乱丁・落丁はお取り替えいたします。
© Hisashi Narishige, Vicki Glass, All rights reserved.